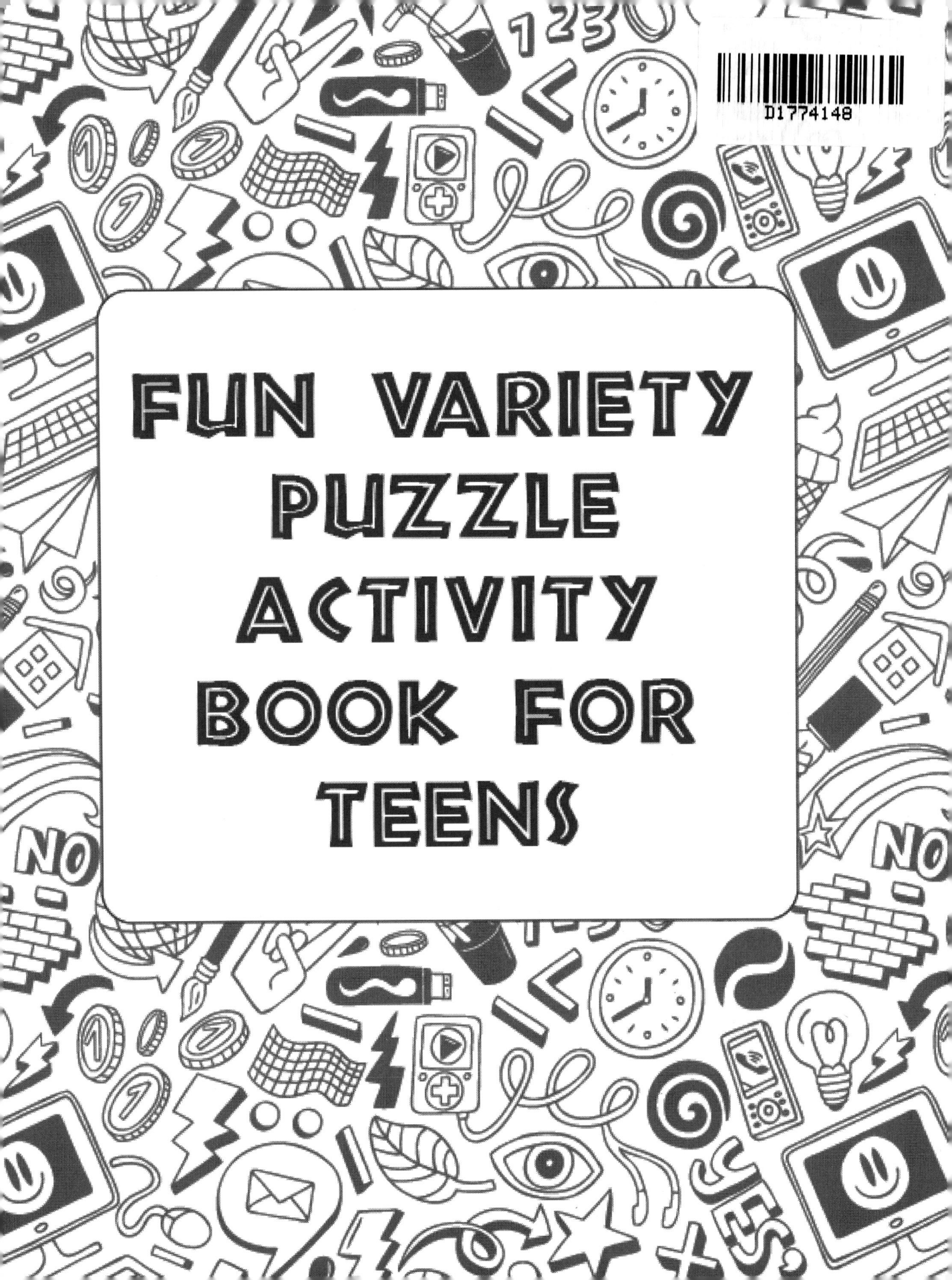

Contains hours of puzzles created just for teens:

Word Searches
Cryptograms
Fallen Fun Facts
Mazes
Double Rhymes
Find the Difference
Sudoku
Word Ladders
Matching
Word Wheel
And More!

Copyright © 2022 by Purple Turnip
All rights reserved. This book or any portion thereof may not be reproduced or used in any manner whatsoever without the express written permission of the publisher.

ACTIVITY BOOK FOR TEENS

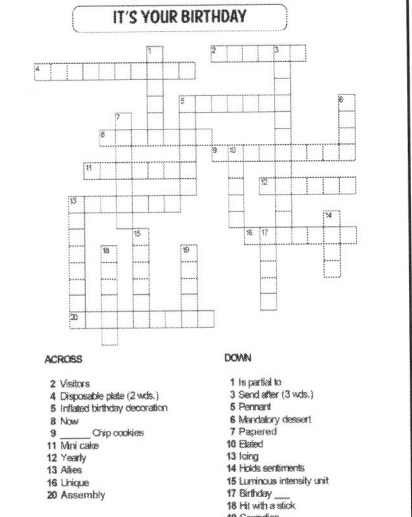
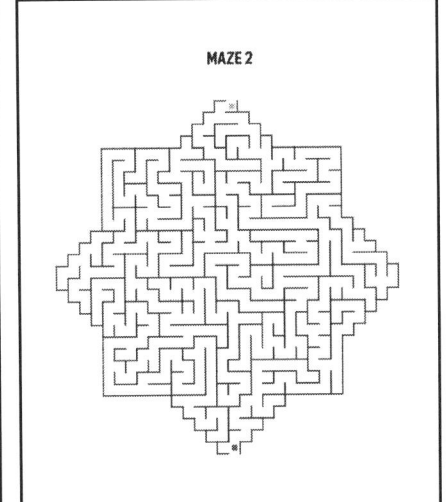

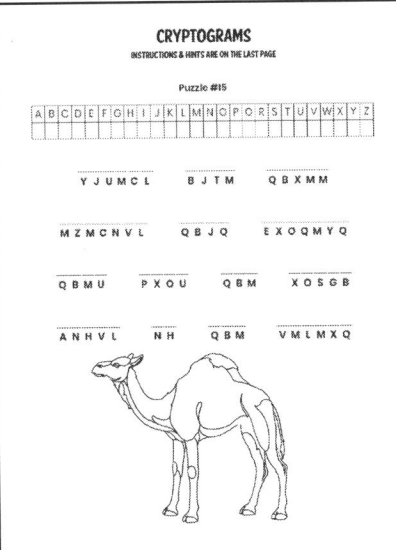

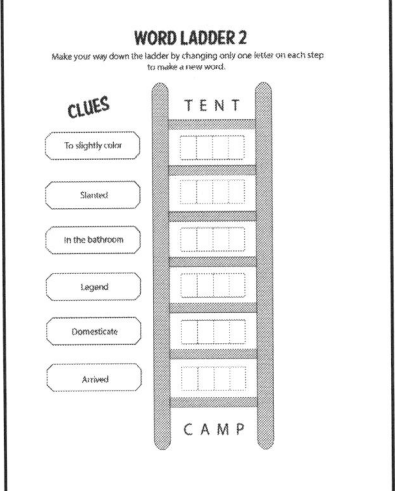

SMARTPHONE

```
J S V M S T C A T N O C M V M D
W G P R V R E W B K S T A P P S
N T Z E K M I F V D N Z R N X Z
Q C J C A F H T L O K P D Q T
N T Z I I K H Q Y W C T R N M B
B A L R T R E T K F I A M K G Q
L S L X R W R R P Y C L O R R R
U V N A K M T K C Y T O J T P A
E J L H R C L X R L B V W J K D
T N N N M M I O W E T I G N M N
O B K S T T M S N Q C D X Y R E
O C B E V E D O U K T E L R Y L
T H K T M F H X W M L O P T F A
H B C O Q P Q P N W V S V J T C
H R N N P S E R U T C I P T M B
R C V K Y O R G A N I Z E R B V
```

ALARM	ICONS	PICTURES
APPS	MEMORY CARD	SPEAKER
BLUETOOTH	MUSIC	VIDEOS
CALENDAR	NOTES	WIFI
CONTACTS	ORGANIZER	
EMAILS	PHONE BOOK	

MAZE 1

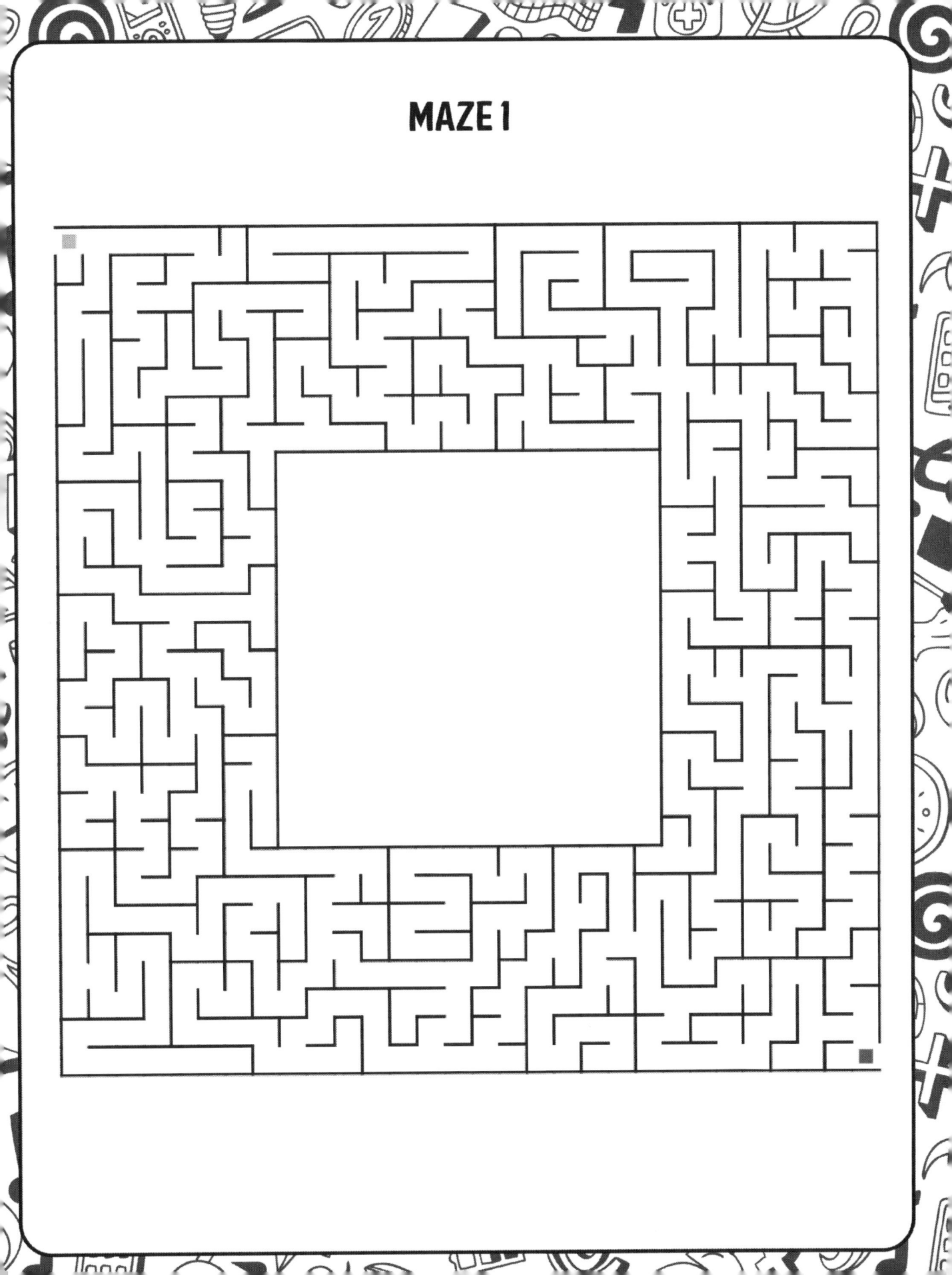

CRYPTOGRAMS

INSTRUCTIONS & HINTS ARE ON THE LAST PAGE

Puzzle #1

A	B	C	D	E	F	G	H	I	J	K	L	M	N	O	P	Q	R	S	T	U	V	W	X	Y	Z

___   _____   _____   __   ___
J K Z   P R P Z S   D T X B W   K W   A D P

_____   _____   ___   ____
G V B W P A   A D P Z P   B Z P   K R P Z

___   _____   ____
K W P   X H V V H K W   B W A F

Puzzle #2

A	B	C	D	E	F	G	H	I	J	K	L	M	N	O	P	Q	R	S	T	U	V	W	X	Y	Z

_   _____   __   _____
B   H B S B S B   W R   V Z B R R W P W A F

__   _   _____   _   _____
B R   B   H A X X Y   B   R E X B K H A X X Y

__   ___
W R   S L E

Puzzle #1
EASY

	1		7		3	9		5
5	2	3		1				
					2	8	3	
		4		5				7
	5					2	8	9
		2	9	7	1			6
2	9	7	6			1		3
		8				6	7	2
	3		1		7			

FALLEN PHRASES - FUN FACTS

EASY

The letters of the phrases have fallen off the board. Luckily they fell directly under the column they were in. Put them back on the board in the correct order to solve the puzzle!

1
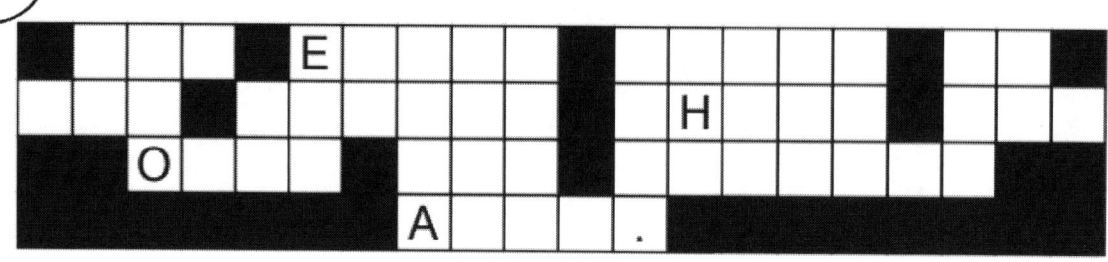

```
                    N N Y
           L     R E     M U M R E     A
     F E R P R A E E T   H I L A N     N N
   T H O V E   V O N T S T   E L I O O R E
```

2
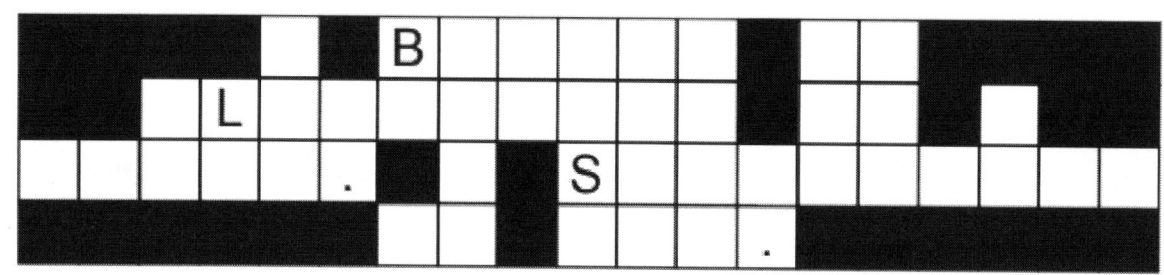

```
              A     I N R
        Y     S I   N O A     I B
      C R A   I S N A T D   A S   A
   B E R   A S   A F   E T A W S E R R Y
```

WORD LADDER 1

Make your way down the ladder by changing only one letter on each step to make a new word.

CLUES

- Wanting everything
- Heavily wooded
- More than one tree
- Rapunzel had this
- Salad plant
- Crude

GREEN

GRASS

DOUBLE RHYME PUZZLE 1

The answer to each clue is a pair of words that rhyme with each other. For example: Fast choice would be Quick pick. Copy the letters in the numbered cells to cells at the bottom with the same number to reveal a phrase.

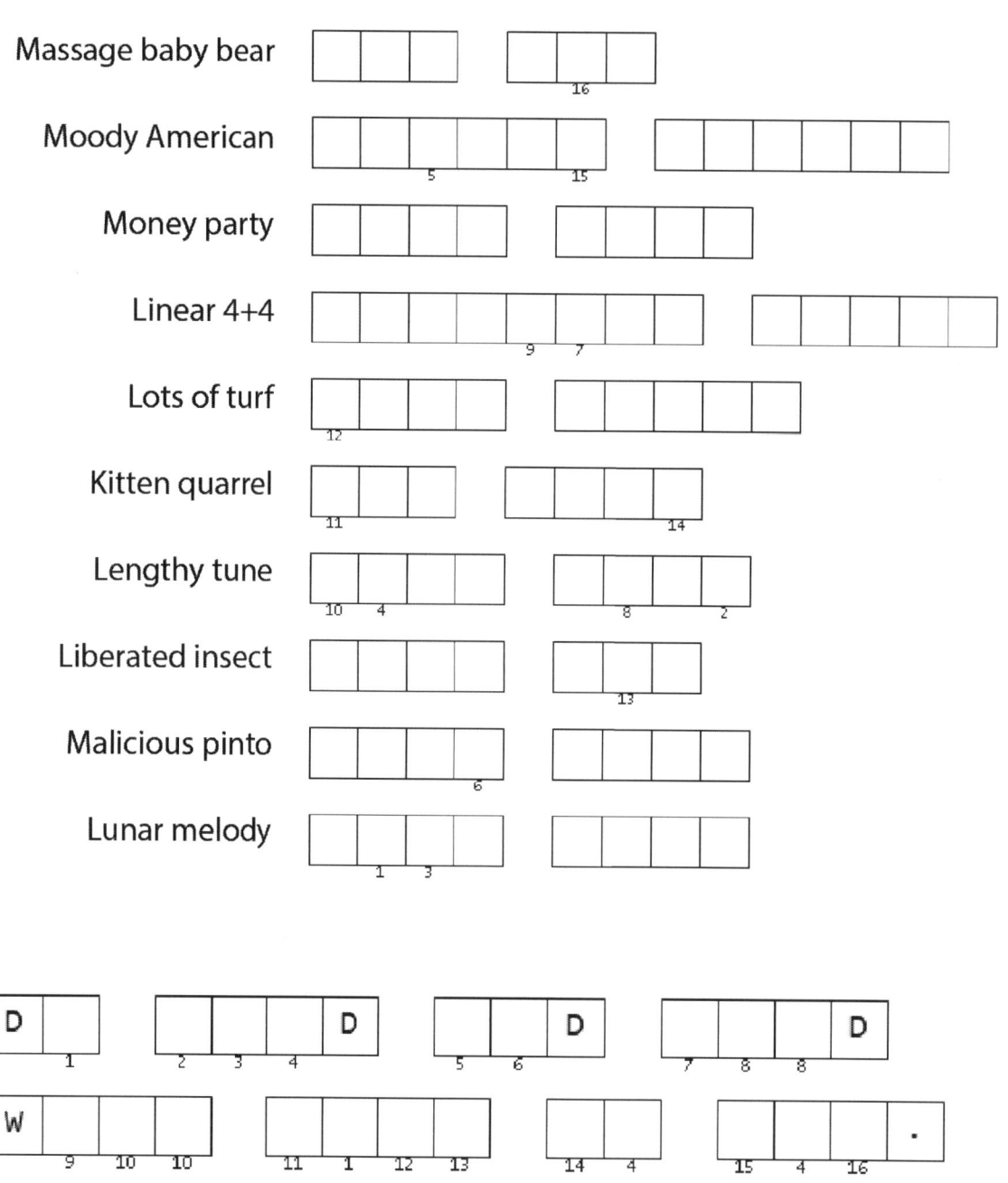

EAT YOUR VEGETABLES!

ACROSS

1. Common salad vegetable
3. Fall favorite
6. Critical for salsa
9. Popular as a substitute for rice
10. Aquatic salad plant
13. Considered a weed
14. White root
17. Thistle bud
18. Typically dark red taproot
21. Summer squash

DOWN

2. Green Brassica
4. Salt's opposite
5. Crush
7. Salad base
8. White and purple taproot
11. Green stalks
12. Purple skinned veggie
15. Dark leafy green
16. Highest consumed vege in USA
18. Good for your heart
19. Gumbo
20. Allium

HIDDEN WORD 1

Find the hidden word(s) in bold by filling in the answers to the clues.

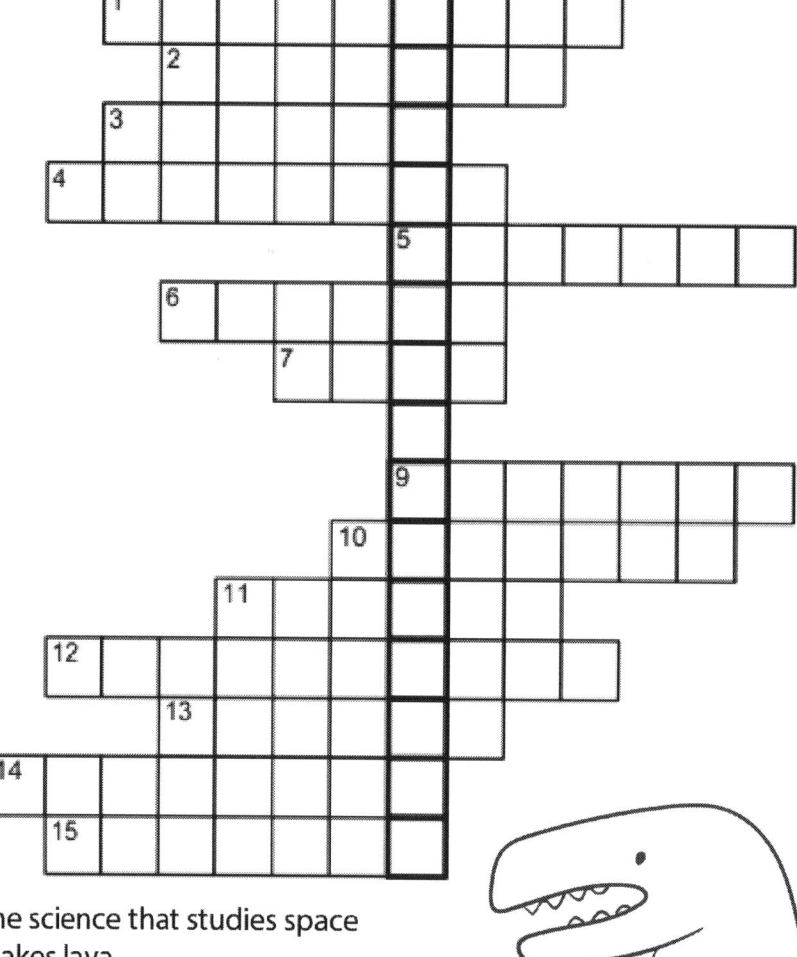

1. The science that studies space
2. Makes lava
3. Bug
4. Roamed the earth
5. Cold blooded
6. Warm blooded
7. Smallest part of body
9. The study of the past
10. Natural science
11. Old stuff found in rocks
12. Group of things
13. Field of grass and flowers
14. Put at risk
15. Science of conservation

CRACK THE CODE - #1

To open the safe:
You can only press 3 buttons.
The sum of the 3 numbers must be exactly 100.
You can't press a button more than once.
Good Luck!

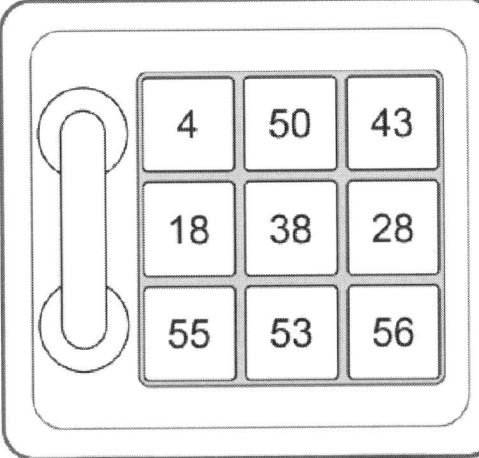

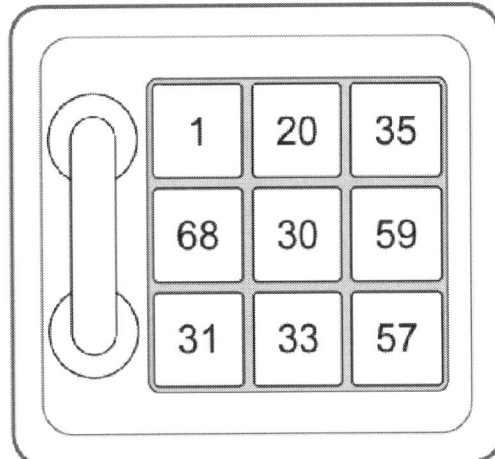

WORD WHEEL PUZZLE

Try to create as many words as possible with the letters in the word wheel.
Use each letter only once per word.

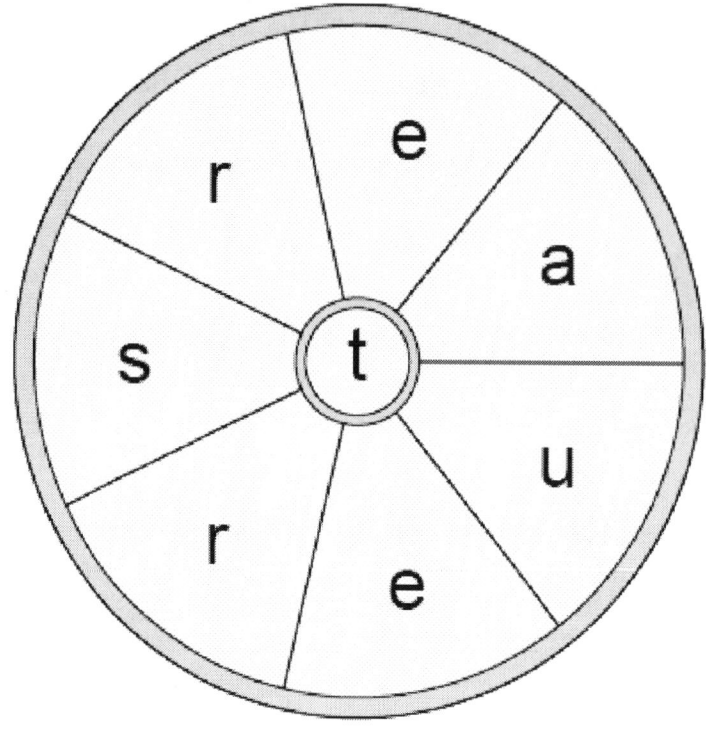

The 8 letter word is: ....

GOOD   BETTER   EXPERT

FIND 7 DIFFERENCES

SOLAR POWER

```
M W B T P P O L L U T I O N L M
V K S T Q G Z B S E F Z L W R F
L Z A G R X M U G H N K Z D D R
L R V W N H N A V J D R D D T L
D D I G N I T L R K T Z R N G E
H M N L N L T L I T F A L N S V
K Y G N O H F A B G L L Q Z E I
Q T M V Q H P C E O H R Q C T S
T H G I L N U S S H R T K L I N
R N Y T I C I R T C E L E R L E
J T W W B K D M I R R O R O L P
M B D L C L M L J F Y L W O E X
T P K E R R A R L B M J T F T E
W B L H R F L C V V M L L S A D
P L P R B N Y C K D N C P P S T
S Y Y R Z R A D I A T I O N Y L
```

BLACK   MIRROR   SOLAR
CELLS   POLLUTION   SUN
ELECTRICITY   RADIATION   SUNLIGHT
EXPENSIVE   ROOFS   VOLTAGE
HEATING   SATELLITES
LIGHT   SAVING

MAZE 2

CRYPTOGRAMS

INSTRUCTIONS & HINTS ARE ON THE LAST PAGE

Puzzle #3

A	B	C	D	E	F	G	H	I	J	K	L	M	N	O	P	Q	R	S	T	U	V	W	X	Y	Z

¯¯¯   ¯¯¯¯¯¯   ¯¯¯¯¯¯   ¯¯   ¯
R P M   L T M O L U M   Y M A U P R   C E   L

¯¯¯¯¯¯   ¯¯¯¯¯   ¯¯   ¯¯¯¯
Z J V J B J N   Z B C J D   A N   C T M O

¯¯¯   ¯¯¯¯¯¯   ¯¯¯¯¯
C X M   V A B B A C X   G C J X D N

Puzzle #4

A	B	C	D	E	F	G	H	I	J	K	L	M	N	O	P	Q	R	S	T	U	V	W	X	Y	Z

¯¯¯   ¯¯¯¯¯   ¯¯   ¯¯¯¯
C T Q   Q P Z C T   B D   X R Q Z

¯¯¯¯¯¯   ¯¯¯¯¯¯   ¯¯¯¯¯
D Q R Q Y C M   H Q Z W Q Y C   G P C Q Z

¯¯¯   ¯¯¯¯   ¯¯¯   ¯¯¯¯¯¯   ¯¯
F U C   X Y I M   X Y Q   H Q Z W Q Y C   B D

¯¯¯¯¯¯¯¯
V Z B Y S P F I Q

Puzzle #2
EASY

	2	3		4	6	9	8	
	5					4		3
7		4			2	5	1	
2	9		7	6	3			
				4		3		
	4	7	2				9	5
		2	6					
9			1	7				4
5		6			4	8		1

FALLEN PHRASES - FUN FACTS   EASY

The letters of the phrases have fallen off the board. Luckily they fell directly under the column they were in. Put them back on the board in the correct order to solve the puzzle!

3

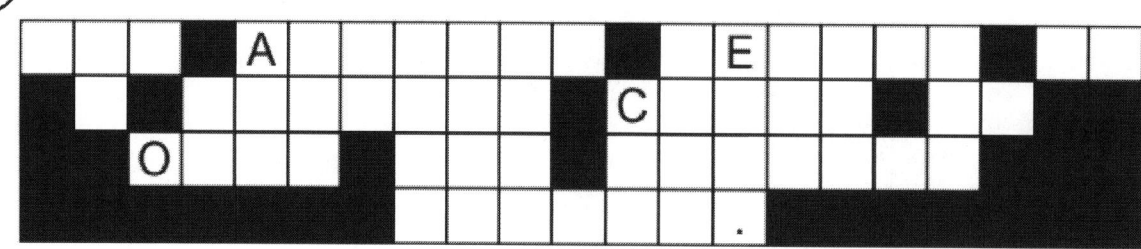

```
         P N U                  I
      E V    L O E       M L L I D   N
  A    C U R U R U S N   W O L I H T
T H E V   M E O A G E D S   U G O I S O F
```

4

```
           T O Y       S
        E     O A E           N
    M L A A     T     E G P R D T U C E
  O R N K G X N E E N O D H A N
```

WORD LADDER 2

Make your way down the ladder by changing only one letter on each step to make a new word.

CLUES

- To slightly color
- Slanted
- In the bathroom
- Legend
- Domesticate
- Arrived

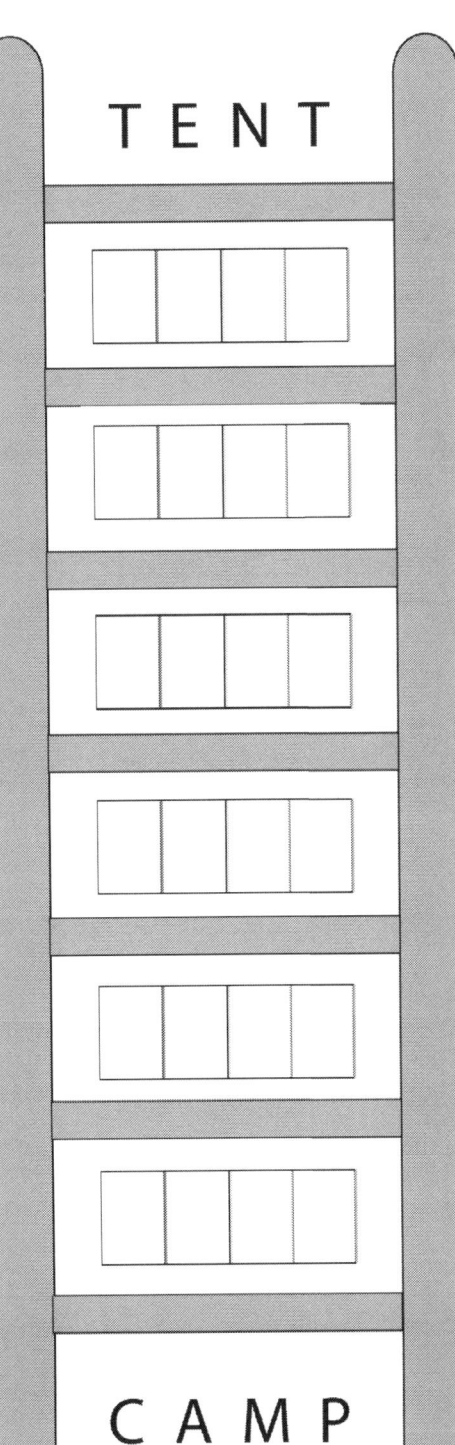

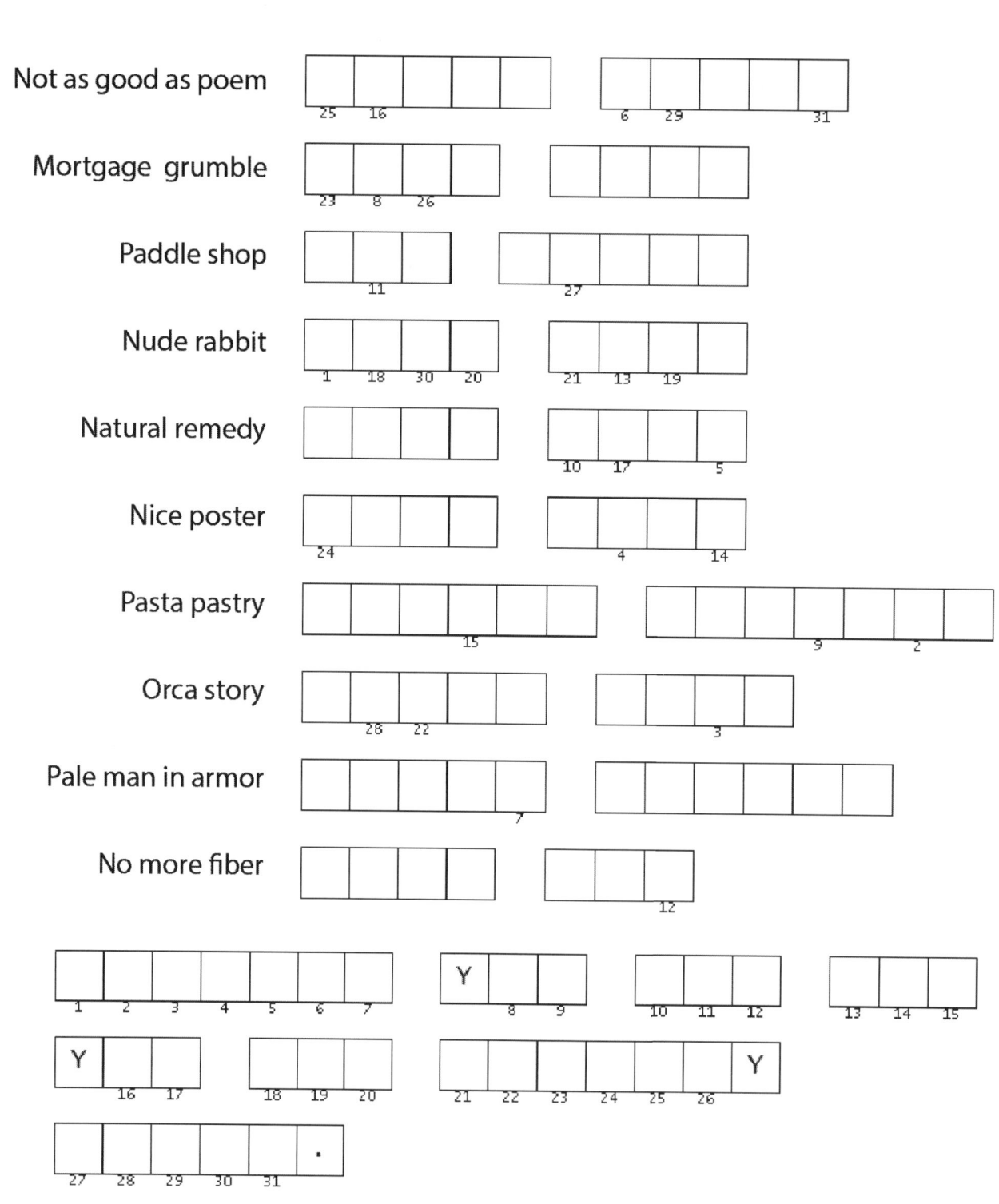

MUSIC

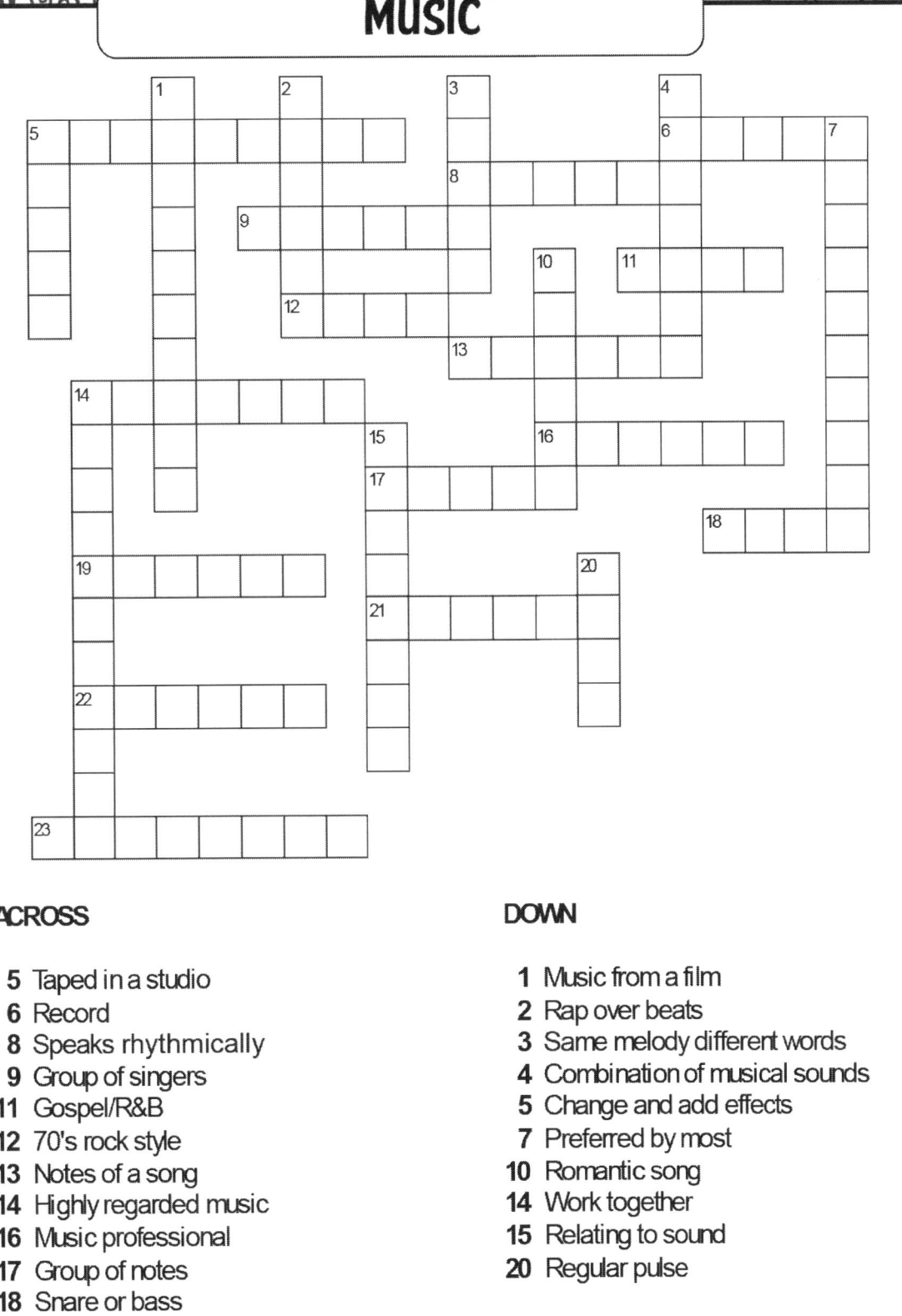

ACROSS

5 Taped in a studio
6 Record
8 Speaks rhythmically
9 Group of singers
11 Gospel/R&B
12 70's rock style
13 Notes of a song
14 Highly regarded music
16 Music professional
17 Group of notes
18 Snare or bass
19 Make sounds larger
21 One song
22 From Jamaica
23 High pitched microphone sound

DOWN

1 Music from a film
2 Rap over beats
3 Same melody different words
4 Combination of musical sounds
5 Change and add effects
7 Preferred by most
10 Romantic song
14 Work together
15 Relating to sound
20 Regular pulse

HIDDEN WORD 2

Find the hidden word(s) in bold by filling in the answers to the clues.

1. Blowing air
2. With lightning
3. Japanese word for a wave disaster
4. Disturbed atmosphere
5. Water vapor in the air
6. Falling water
7. Morning sky event
9. Unique frozen drops
10. City air pollution
11. Air pressure
12. Collection of gases around the earth
13. Visible collection of water droplets
14. Has an eye
15. Heavy storm in Asia
16. Opposite of 7

CRACK THE CODE - #2

To open the safe:
You can only press 3 buttons.
The sum of the 3 numbers must be exactly 100.
You can't press a button more than once.
Good Luck!

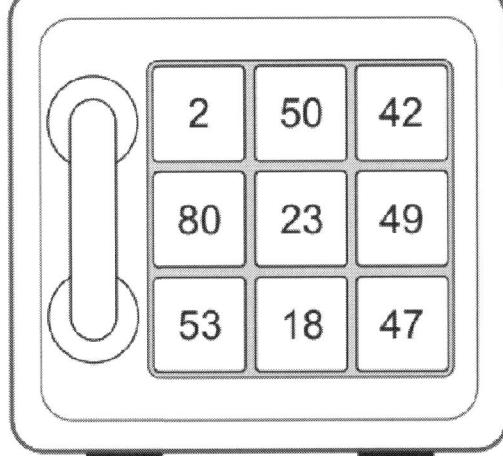
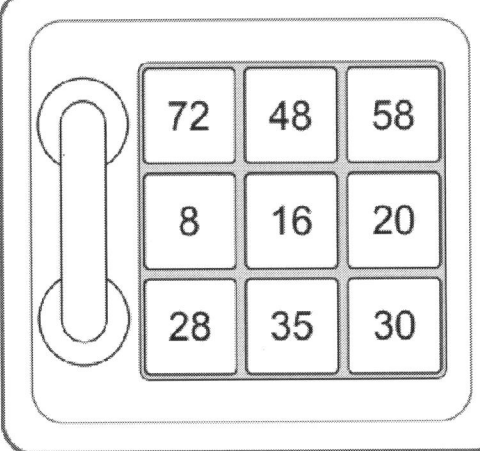
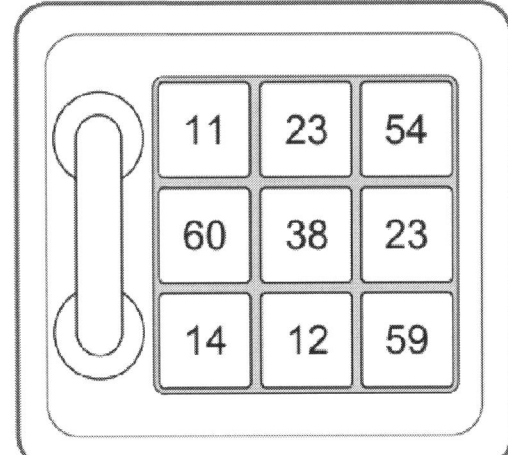

COMPOUND WORD MATCH 1

A compound word is made up of two words. Draw a line from the word on the left to the word on the right to create the compound word.

book	house
after	where
baby	noon
light	ground
back	light
moon	drop
bed	kind
air	sitter
man	roll
bank	line
any	store
back	spread

FIND 7 DIFFERENCES

HOBBIES

```
T R M K T Q G T S Y C H L P R Y
T H T R C M P T C A T M W M H N
W L D D J Z R T M Y G N I K I H
M P P R X O W P H B C M L S W M
M T T J P H I R M R Y L I P Q X
C F G S T N W M I K G N I Z C S
O G C N G T L J W T N Q M N L T
O M N J I R M A T E I K G F G F
K V H I Q T L P T V M N J I N A
I L B T T K N M P K M R G S W R
N M H F I A L I H P I Z T H N C
G Q W N V Y O G A P W H T I W Y
C H G D K L D B W P S B Z N K L
L N G G N I E D R A G Y G V W
K L P K C D A N C I N G L B B P
Q M Y P Z Y H W M R E A D I N G
```

BOATING	FISHING	SWIMMING
CAMPING	GARDENING	TENNIS
COOKING	HIKING	WALKING
CRAFTS	PAINTING	WRITING
CYCLING	READING	
DANCING	SPORTS	

MAZE 3

Puzzle #3

EASY

	6	5						
1			4				9	
7	9		8	2	1			6
			2	3	9	8		5
9	3	8		1	4			
		1			6	4		
2		4			8			3
	7	9				6	5	
	5			7	3	1	2	

CRYPTOGRAMS

INSTRUCTIONS & HINTS ARE ON THE LAST PAGE

Puzzle #5

A	B	C	D	E	F	G	H	I	J	K	L	M	N	O	P	Q	R	S	T	U	V	W	X	Y	Z

B U R B Z   B G A   O U B G I X L G

O F L A V H Z   P L F Z   L K E R Z G   X C B G

X F Z Z Y

Puzzle #6

A	B	C	D	E	F	G	H	I	J	K	L	M	N	O	P	Q	R	S	T	U	V	W	X	Y	Z

H G D   F Q N Z M L Q   N P   H G D

Q O H N M Q O B   O Q N A O B   M V

P Z M H B O Q U

WORD LADDER 3

Make your way down the ladder by changing only one letter on each step to make a new word.

CLUES

- Not any amount
- Ice cream holder
- Apple
- Get better
- Shape
- Cylinder

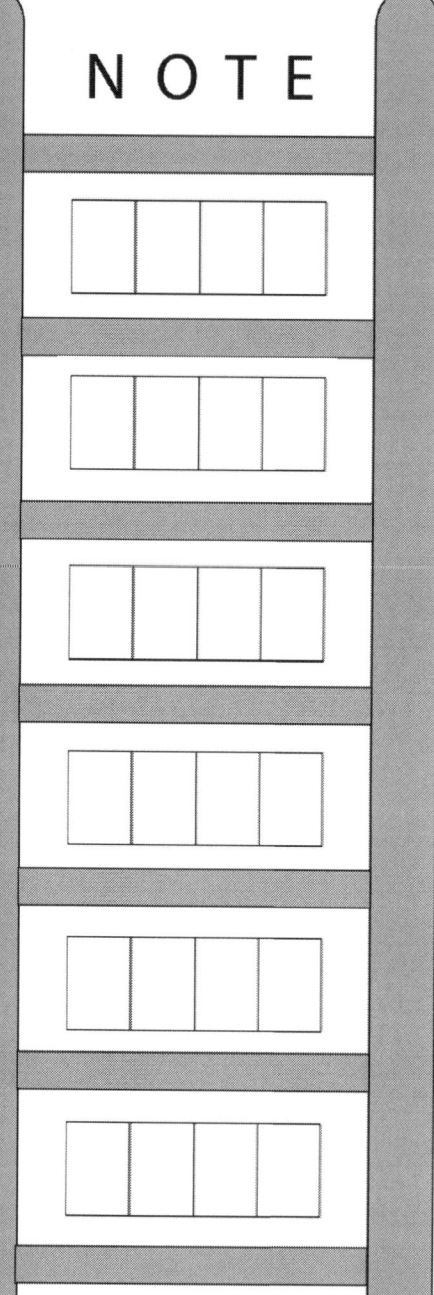

FALLEN PHRASES - FUN FACTS

EASY

The letters of the phrases have fallen off the board. Luckily they fell directly under the column they were in. Put them back on the board in the correct order to solve the puzzle!

```
    E      N     T  O
    S   O M L C O R N
  H H N I T A L N O N       I
  T T A E   N I A I D F A L S
```

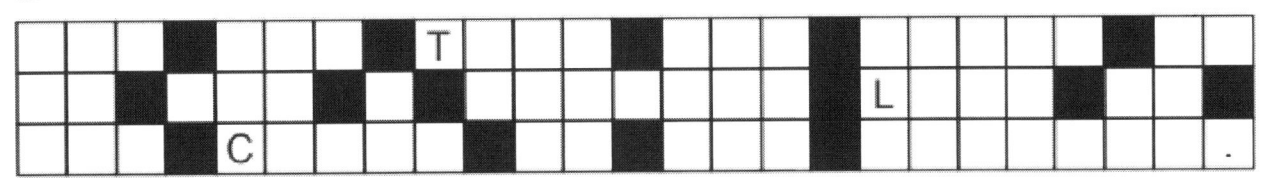

```
A H     A           O L     T T S         A Y O         O
T N E   C G N O R C L I     K E N         C A L S R B Y
Y O U E G O L A   E H F C I H E     E O R L O B E F
```

IT'S YOUR BIRTHDAY

ACROSS

2 Visitors
4 Disposable plate (2 wds.)
5 Inflated birthday decoration
8 Now
9 _____ Chip cookies
11 Mini cake
12 Yearly
13 Allies
16 Unique
20 Assembly

DOWN

1 Is partial to
3 Send after (3 wds.)
5 Pennant
6 Mandatory dessert
7 Papered
10 Elated
13 Icing
14 Holds sentiments
15 Luminous intensity unit
17 Birthday ___
18 Hit with a stick
19 Comedian

DOUBLE RHYME PUZZLE 3

The answer to each clue is a pair of words that rhyme with each other. For example: Fast choice would be Quick pick. Copy the letters in the numbered cells to cells at the bottom with the same number to reveal a phrase.

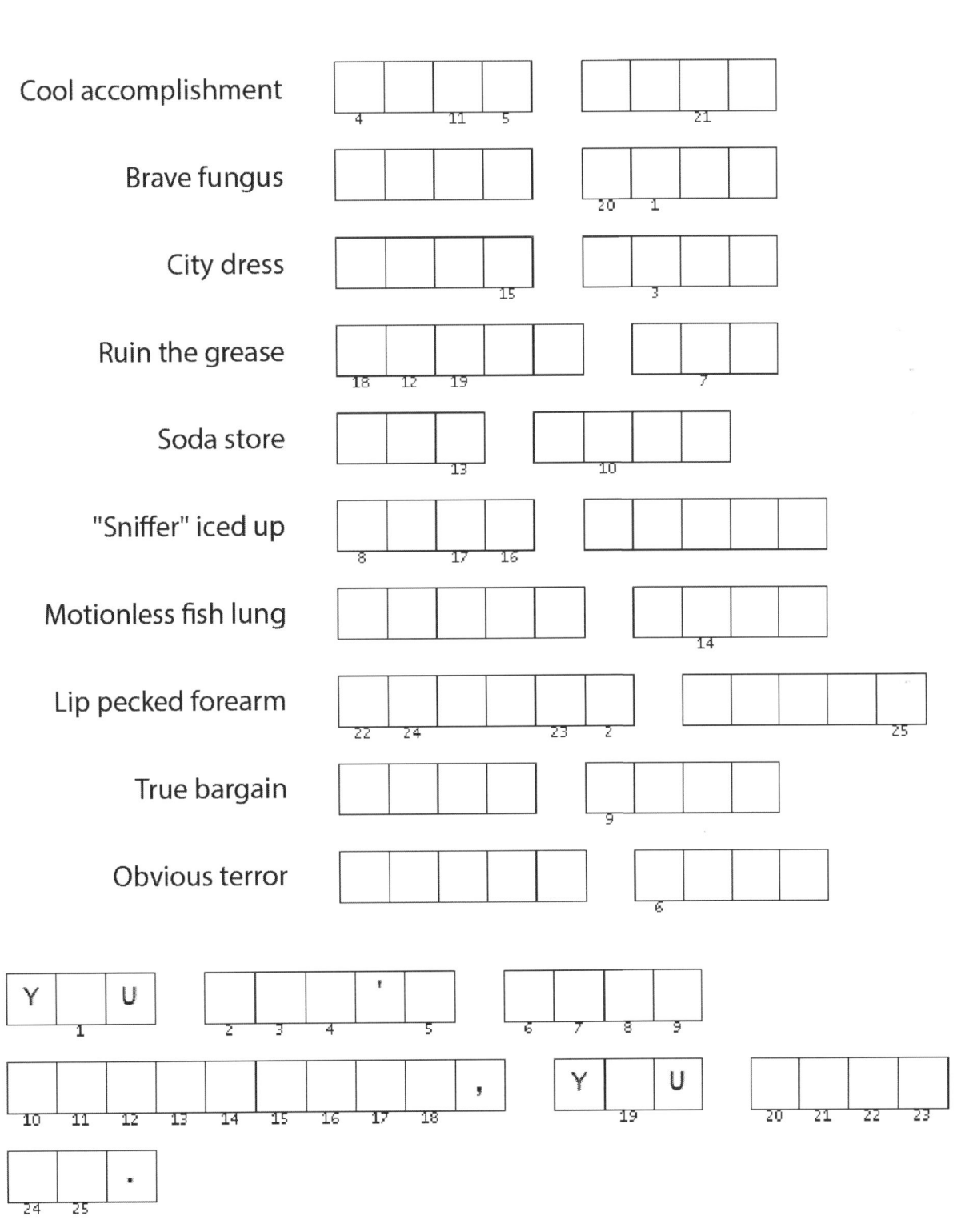

CRACK THE CODE - #3

To open the safe:
You can only press 3 buttons.
The sum of the 3 numbers must be exactly 100.
You can't press a button more than once.
Good Luck!

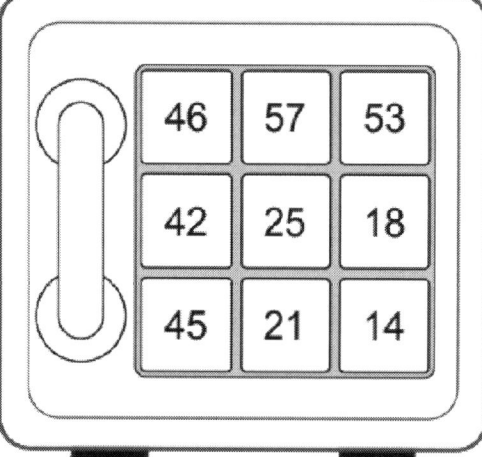
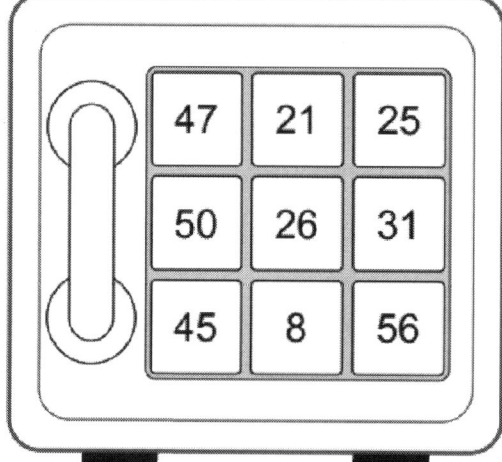
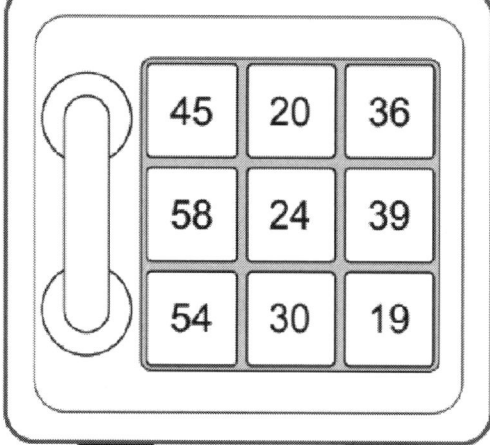
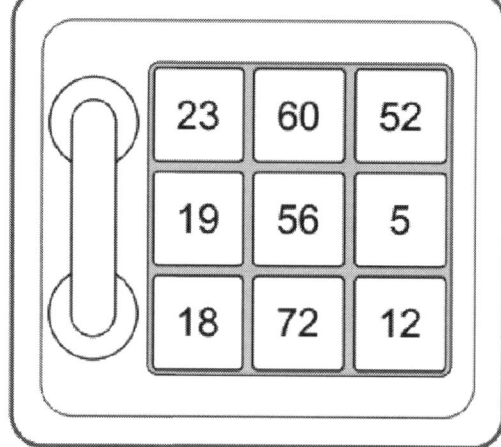

HIDDEN WORD 3

Find the hidden word(s) in bold by filling in the answers to the clues.

1. Cows and bulls for food
2. Wander
3. USA war 1861 (2 words, no space)
4. Works on a ranch
5. Train path
6. When the Civil War ended (3 words no spaces)
7. State capital is Austin
9. Largest city in Kansas
10. Opposite of urban
11. Capital is Topeka
12. Likes exploring
13. Useful or valuable possessions
14. Left bare

FIND 7 DIFFERENCES

WORD WHEEL PUZZLE

Try to create as many words as possible with the letters in the word wheel.
Use each letter only once per word.

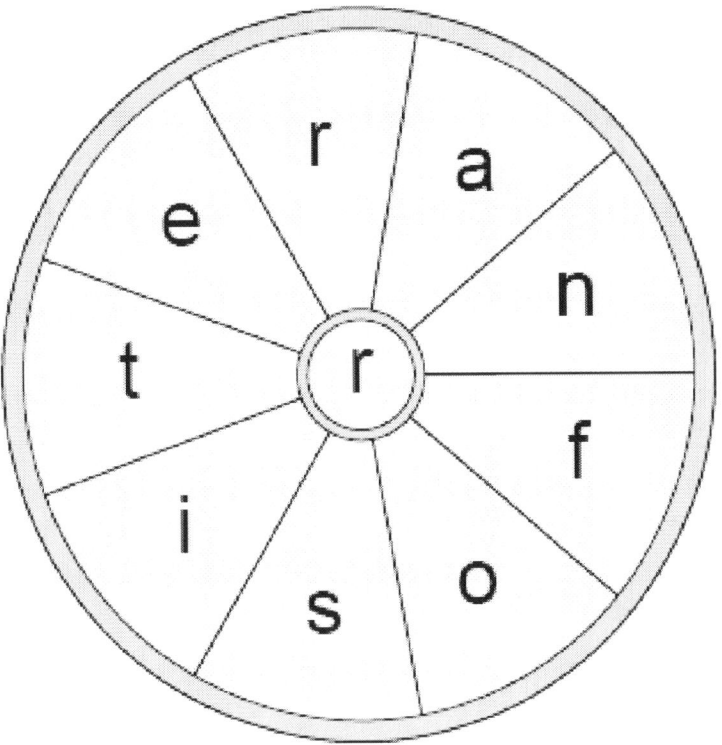

The 10 letter word is: ....

GOOD　　　　　　　　BETTER　　　　　　　　EXPERT

MAZE 4

BIRTHSTONE

```
B E R Y L K M R X Z V E B N M C
C Y M R B M R V R N N H N W M E
L P Y Z A P O T L O R K B H R M
P W B K N L J C T V M G T N A E
G N U M L M L S R W J D J M Z R
N A R V M R N B K X T B E Y K A
A T R K M O A G R U N T H R O L
I S F N O N Y E R R H D M T N D
L J A M E C N Q P Y N M B M Y R
E A F P F T U K S O W W K N X K
N H P P P O J T M K P V R L Q Q
R Q T O I H W A N O C R I Z N Q
A K J S F M I P E R I D O T B R
C M E N H D N R F W K T K B D R
R X Y D J L N Q E C F N D T N X
H L P L Q C M J M D W M T Q K J
```

AMETHYST	MOONSTONE	SAPPHIRE
BERYL	ONYX	TOPAZ
CARNELIAN	OPAL	TURQUOISE
DIAMOND	PEARL	ZIRCON
EMERALD	PERIDOT	
GARNET	RUBY	

Puzzle #4
EASY

	1		7				6	3
	8		6	9				5
		6		1		2	9	
	5			6				1
	7		8		5			9
		9					8	6
4		5	9	2	1	3		
7	2					9	1	
				7	3			2

CRYPTOGRAMS

INSTRUCTIONS & HINTS ARE ON THE LAST PAGE

Puzzle #7

A	B	C	D	E	F	G	H	I	J	K	L	M	N	O	P	Q	R	S	T	U	V	W	X	Y	Z

M B X   L D N   Y I R R   Y Z I   L B R B G

B J   D N   I W W   D   L Z K L Q I N

R D M A   F M   Y Z I   L B R B G   B J

K Y A   I D G R B F I

WORD LADDER 4

Make your way down the ladder by changing only one letter on each step to make a new word.

CLUES

- Yellow card
- Jester
- For balance
- Treasure
- In Space
- Misplace

FOUR → □□□□ → □□□□ → □□□□ → □□□□ → □□□□ → □□□□ → LOBE

FALLEN PHRASES - FUN FACTS

MEDIUM

The letters of the phrases have fallen off the board. Luckily they fell directly under the column they were in. Put them back on the board in the correct order to solve the puzzle!

7

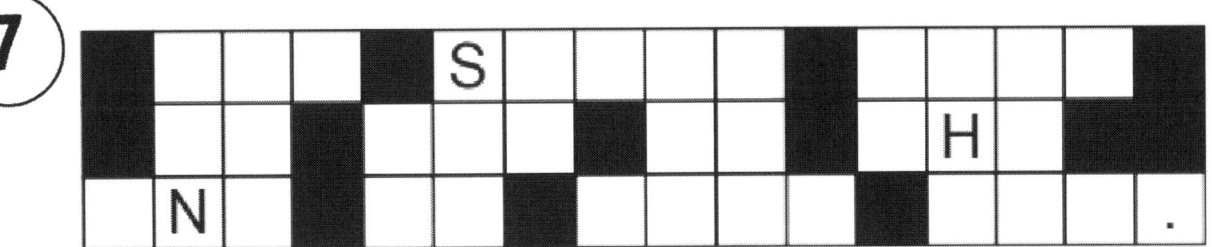

```
A E           A C         V
S N   E F E A R T   T A R M
E   D A O Y T E A S H H A E E
```

8

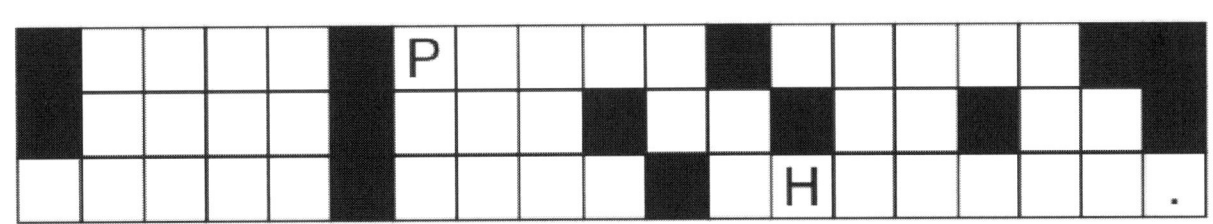

```
B O L E   L I S         I R   E
O R L O   O T T A S F I N S E N
P R L A D   W A C O S C   A C K T L
```

FOSSILS

ACROSS

3 Tarmac
5 Artifacts found in rocks
8 Tree product
9 Cold
11 Natural resin
13 Broken bone coverings
14 Casing
15 Consolidations of sediment from weight
16 Extreme dryness

DOWN

1 Candle element
2 Stony fossilized fecal matter
4 Canning
6 Halloween staple
7 Imprints
10 Curing
12 Forms

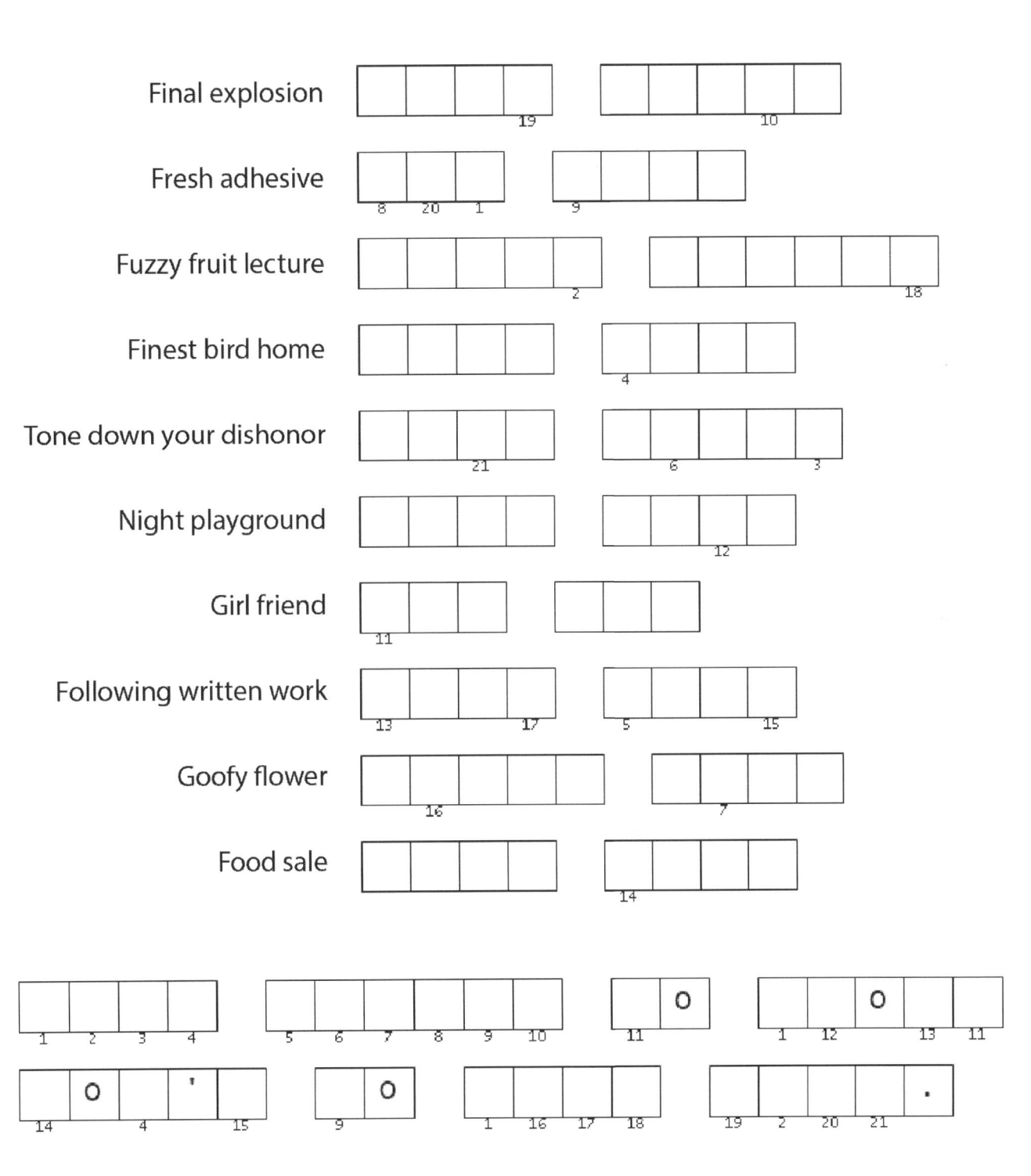

CRACK THE CODE - #4

To open the safe:
You can only press 3 buttons.
The sum of the 3 numbers must be exactly 100.
You can't press a button more than once.
Good Luck!

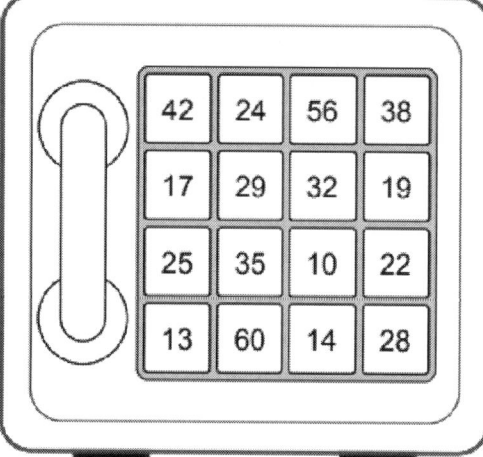
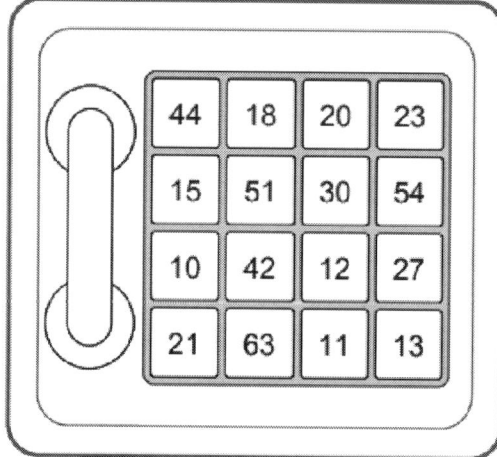
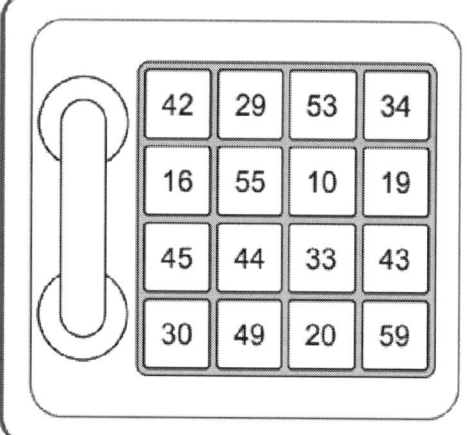
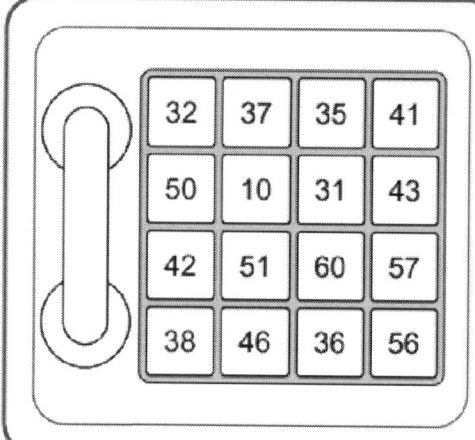

HIDDEN WORD 4

Find the hidden word(s) in bold by filling in the answers to the clues.

1. Not the same
2. Divide up
3. Visiting interesting places
5. Causing pleasure
6. A picture
7. Connection between 2 people
8. Journey
9. Traveling out of country
11. Stumble
12. Look for a long time
14. Nice to others
15. Not narrow headed
16. Relating to
17. People from different origins
19. In or to a foreign country
20. Smaller than a continent
21. Having fun with people
22. See someone for the first time
23. Willingly help
24. Acceptance

FIND 10 DIFFERENCES

COMPOUND WORD MATCH 2

A compound word is made up of two words. Draw a line from the word on the left to the word on the right to create the compound word.

after	mark
block	more
cat	boy
cow	pipe
barn	walk
bag	down
book	noon
back	buster
any	lift
fork	fish
count	yard
board	space

MAZE 5

SANDWICH

```
M U F F U L E T T A K C W D Z L
T M G X K Q L P B R E A D E P B
L L E N T A E M H C N U L L V Q
E M B G I J Z M P Q E N T L Z T
M M Q F G S D R R S C D N I M L
A T B B H S S N E E H K C R A L
N T M C K C A E A L U B H G Y W
U G N Z U S H L R B L B E T O N
T U J B W C T L A D P D E V N M
L T A I N Y X X B D W R S N N E
L N S N M F M B H J N A E J A A
O S L E T T U C E F G T S T I T
R A D D E H C N Z X X S T G S B
P I D H C N E R F M D U E R E A
L Q E O J Y P P O L S M A P M L
V J K R O P D E L L U P K N K L
```

BREAD
CHEDDAR
CHEESE
CHEESESTEAK
CUBANO
DRESSING
EGG SALAD
FRENCH DIP

GRILLED
LETTUCE
LUNCH
LUNCHMEAT
MAYONNAISE
MEATBALL
MUFFULETTA
MUSTARD

PB AND J
PULLED PORK
REUBEN
SLOPPY JOE
SWISS
TUNA MELT

Puzzle #5
MEDIUM

4			8	3		1		
7	2			1				5
				2		3	6	
		9	7			2	4	3
				9	6		5	
5						8	9	
		6	3	9	8		7	2
		8	1	5				4

CRYPTOGRAMS

INSTRUCTIONS & HINTS ARE ON THE LAST PAGE

Puzzle #8

A	B	C	D	E	F	G	H	I	J	K	L	M	N	O	P	Q	R	S	T	U	V	W	X	Y	Z

K P   K A   K C C T I X C   P S   S M V   X

B T P   N X H A P T J   I T J O K C   A V X G T

S J   N T J H K P   F J X O   K V

N X M X K K

Puzzle #9

A	B	C	D	E	F	G	H	I	J	K	L	M	N	O	P	Q	R	S	T	U	V	W	X	Y	Z

U Y S   U C S J U   R S N Y   S B   Y F Y

S C   C R Y   Y B V   I H   Y S L R   S J Z

WORD LADDER 5

Make your way down the ladder by changing only one letter on each step to make a new word.

CLUES

- Discover
- Delicate
- Finish
- Isolated
- Misplace

KIND

ROSE

FALLEN PHRASES - FUN FACTS

MEDIUM

The letters of the phrases have fallen off the board. Luckily they fell directly under the column they were in. Put them back on the board in the correct order to solve the puzzle!

```
                    C   N
    T O      T     D A N         I N
  B N    B E O    I R T A    S I W E L P
I A M H O S H I A Y Y G R O V G U E
```

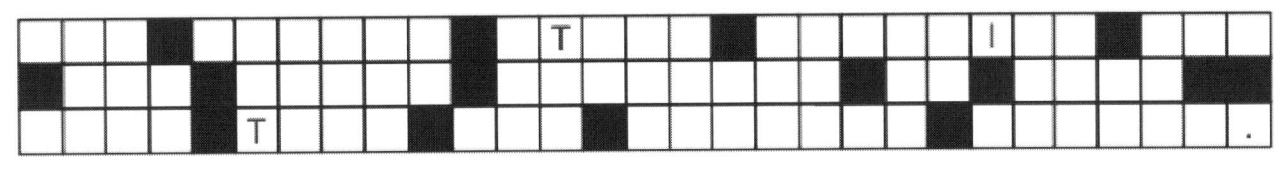

```
  O H      F I R S      B E    H D    N U    D      L A W
T H E E    M P I N T    S    A L E I D R E T O F N O V E S
M T R E E    H A R E O N U I T U N B G I L D    H G O R A S
```

CAREERS

ACROSS
1 Congressman
4 Tutor
7 Copper
10 Person who manages finance
13 Military bridge builder
14 Attorney
15 Performer
16 Newspaper correspondent

DOWN
2 Ham
3 Saves cats in trees
5 High educational degree
6 Wiring specialist
8 Life scientist
9 Law enforcement officers
11 Vocalist
12 Planner

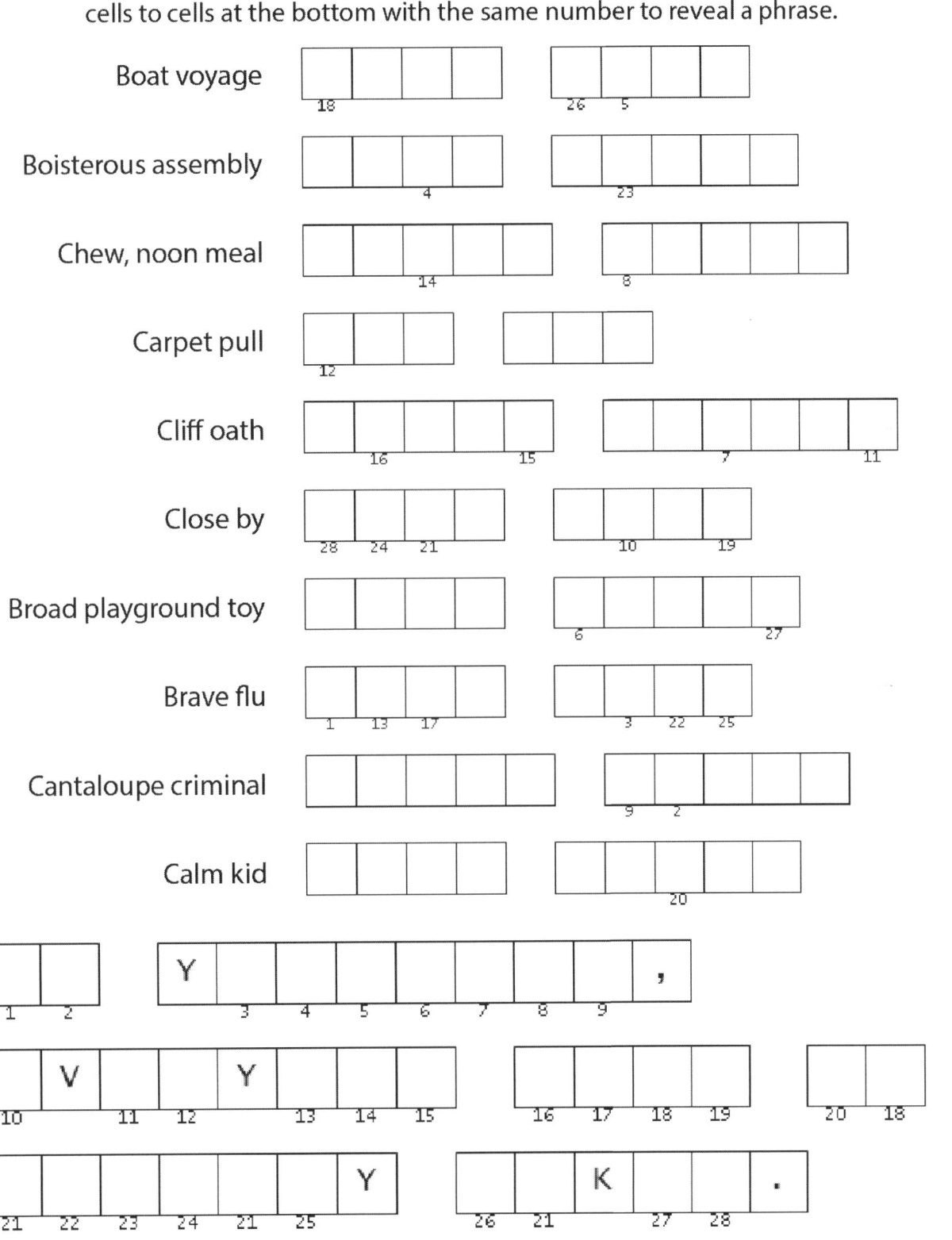

CRACK THE CODE - #5

To open the safe:
You can only press 3 buttons.
The sum of the 3 numbers must be exactly 100.
You can't press a button more than once.
Good Luck!

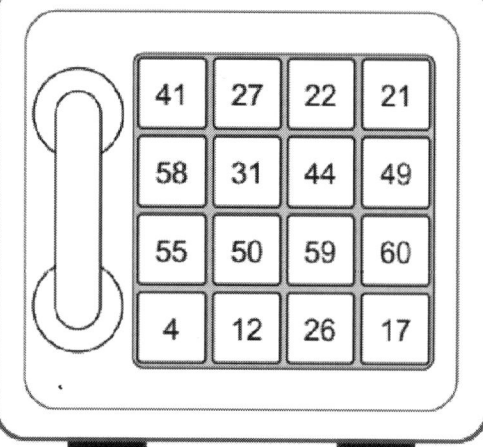

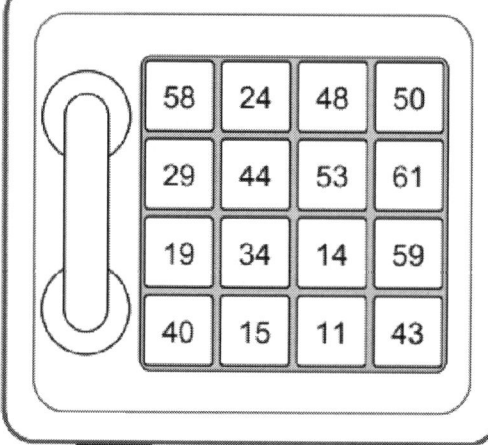

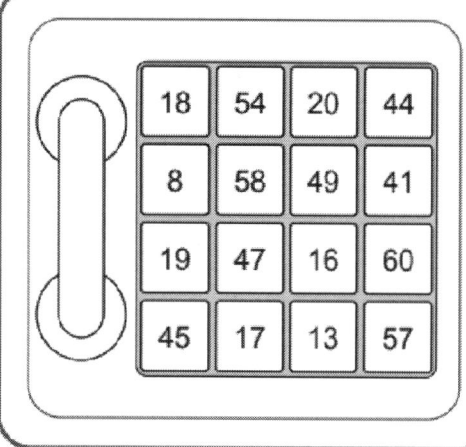

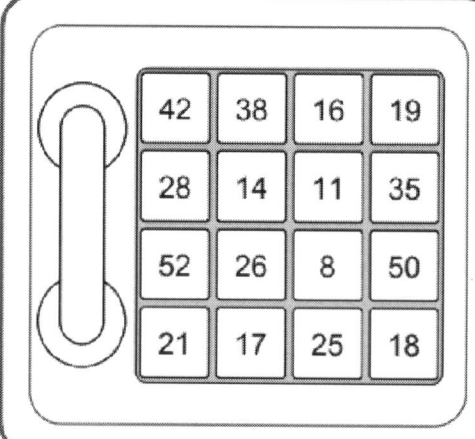

HIDDEN WORD 5

Find the hidden word(s) in bold by filling in the answers to the clues.

1. Travels through space
2. Space travel vehicle
3. Extra-terrestrial
4. Application of science
5. Imaginary
6. Someone who applies science
7. Condemn openly
8. It starts after now
9. To tell the future
10. Made by someone
11. Opposite of utopia
12. Someone with original thoughts of the future
13. Travel to unknown places
14. Longer than a short story (2 words)

WORD WHEEL PUZZLE

Try to create as many words as possible with the letters in the word wheel.
Use each letter only once per word.

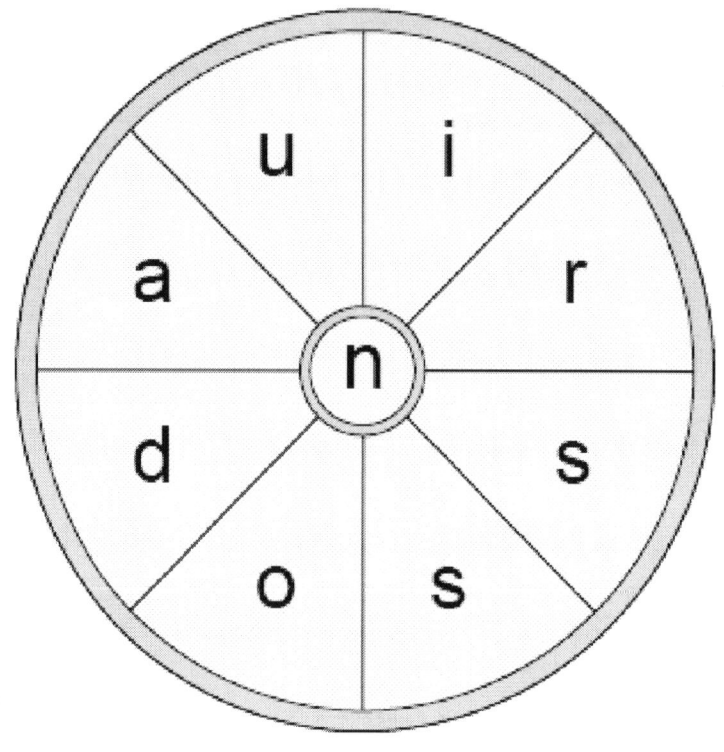

The 9 letter word is: ....

GOOD　　　　　　　　BETTER　　　　　　　　EXPERT

FIND 7 DIFFERENCES

MAZE 6

JELLY

```
J N E M A T O C Y S T R Q J K W
K T L J Y R E N K N A E C O K R
K F K J M M F N L C D S L M Y L
K J Z X V Q R Z T M M E P R J T
F Y K N D G V M Q A T Z T B E V
O R A L A R M S C A C E F X L C
M O N E V D D K S V M L M T L C
G D E A D L Y L M M R T E N Y Q
W C J M Q Z U L Y H T J T S F C
W L J L K P X S L X R F Q F I N
V A F M F N Q K W E Z B J L S I
H J T J H K N R M M B W Z P H D
C F K E L Y T B O N T G P Q P A
A K N V R Q L D O R C P R L R R
E D K T P U Q K L N L B J T K I
B M C L E B Y G B F D M X G L A
```

BEACH	JELLYFISH	SYMMETRY
BELL	NEMATOCYST	TENTACLES
BLOOM	OCEAN	VENOM
BLUE	ORAL ARMS	WATER
CNIDARIA	PULSATE	
DEADLY	SMACK	

Puzzle #6

MEDIUM

8					5		4	
	6	7	1	3	4	2		
			8	6	7			3
	8	3	2			1		
5					3			
		6		9				
	1				9			2
	4	5				3		1
		2	3			7	5	

CRYPTOGRAMS

INSTRUCTIONS & HINTS ARE ON THE LAST PAGE

Puzzle #10

A	B	C	D	E	F	G	H	I	J	K	L	M	N	O	P	Q	R	S	T	U	V	W	X	Y	Z

_ _ _ _ _ _ _ _   _ _ _ _ _ _   _ _ _ _ _   _ _
K G X M G Z H G D   M U G E M V   Q F Q M R   F K

_ _ _ _ _   _ _   _ _ _ _ _   _ _ _ _ _   _ _ _
T E N U E   I K   U N D Y P   P D G I Z   P I V

Puzzle #11

A	B	C	D	E	F	G	H	I	J	K	L	M	N	O	P	Q	R	S	T	U	V	W	X	Y	Z

_ _ _ _   _ _ _ _ _ _   _ _ _ _ _   _ _
E T L I   E T Q T Z T V N   E T Q I N   M F

_ _ _ _ _ _ _   _ _   _   _ _ _ _   _ _ _ _
Z L M Q S I B   M Q   X   N I X L   S R X Q

_ _ _ _   _ _ _ _ _   _ _ _ _ _ _ _ _ _   _ _ _
L I X V   E T Q I N   S R L T Y K R T Y S   S R I

_ _ _ _ _
O T L V B

WORD LADDER 6

Make your way down the ladder by changing only one letter on each step to make a new word.

CLUES

- Blowing air
- The brain
- Toothpaste flavor
- Fog
- Fail to catch

FALLEN PHRASES - FUN FACTS

MEDIUM

The letters of the phrases have fallen off the board. Luckily they fell directly under the column they were in. Put them back on the board in the correct order to solve the puzzle!

11

```
        R E       A
L U E     H   M A     S   A H L T
S U T F F C A D S I A P M T N E N
P T H R O A O R S E R E A L A L A E R
```

12

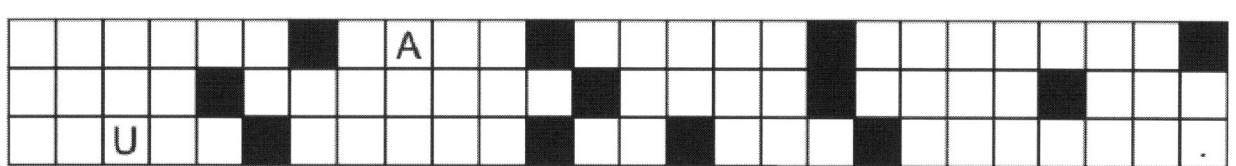

```
R O   G     I N E C     T   T E     R E L   T T
C H M E H S W O   V S   I N H E H   E Y O S E D S
T A A T L P R H T D E T T H R E M E F D E M I R H E
```

ITALIAN FOOD

Across
3 Cold dessert
4 Layered dish
5 Dry table wine
8 Pasta topper
10 Circular delight
11 Bite topped with fresh tomatoes
13 Italian turnover
14 Appetizer assortment

Down
1 Flat bread
2 Thin pieces of toast
6 Trattoria treat
7 Deli slice
8 Soft cheese
9 Ziti, e.g.
10 Basil-based sauce
12 Rice cooked with broth

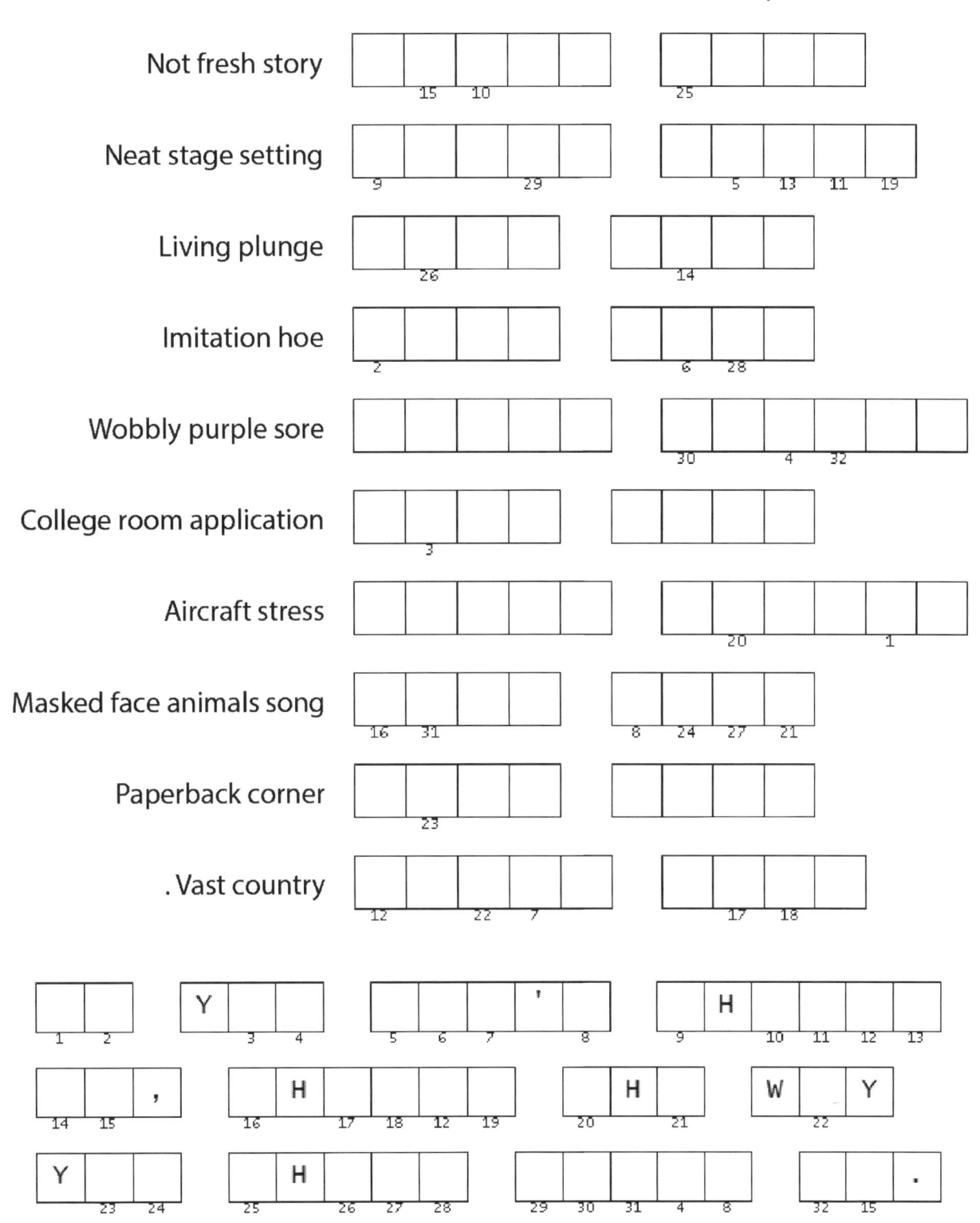

CRACK THE CODE - #6

To open the safe:
You can only press 3 buttons.
The sum of the 3 numbers must be exactly 100.
You can't press a button more than once.
Good Luck!

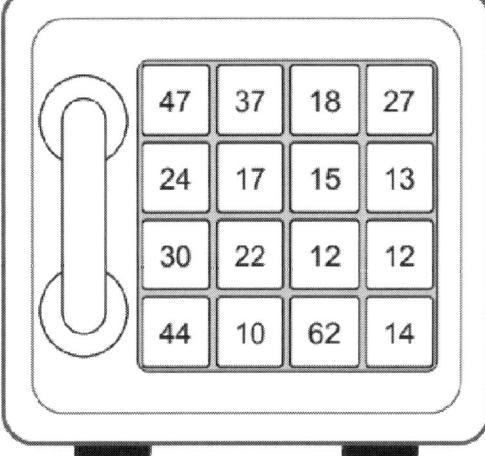
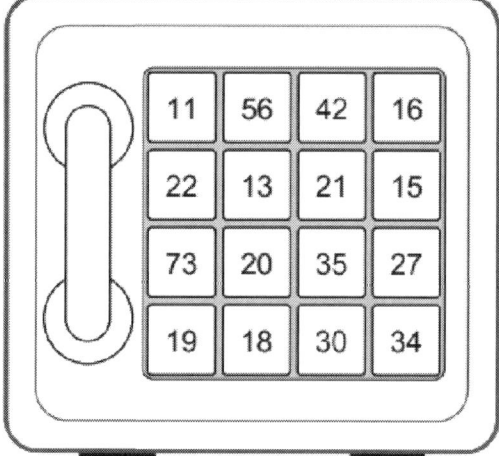
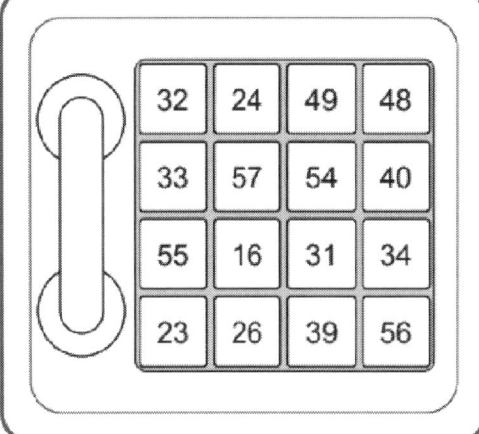
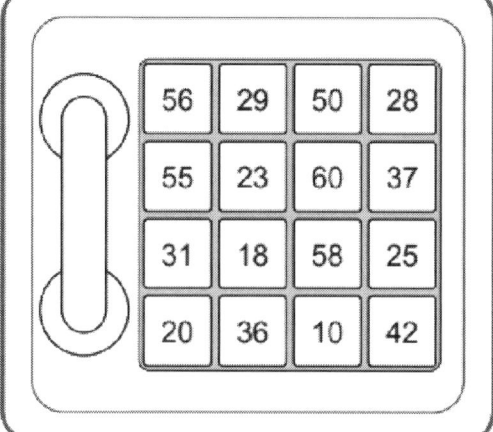

CRYPTOGRAMS

INSTRUCTIONS & HINTS ARE ON THE LAST PAGE

Puzzle #12

A	B	C	D	E	F	G	H	I	J	K	L	M	N	O	P	Q	R	S	T	U	V	W	X	Y	Z

B F A B L L   N F I   W U L D   X H   G L

G Z S U G K   T S P M   S I N Z M O   S I   F

O S I W E M   C F K

Puzzle #13

A	B	C	D	E	F	G	H	I	J	K	L	M	N	O	P	Q	R	S	T	U	V	W	X	Y	Z

Y U X   X D Z T H X   A Y S Y X   R E T J V T I O

Q S A   Y U X   B T H A Y   R E T J V T I O   Y L

U S M X   D L H X   Y U S I   L I X   U E I V H X V

B J L L H A

COMPOUND WORD MATCH 3

A compound word is made up of two words. Draw a line from the word on the left to the word on the right to create the compound word.

tight	crack
team	spin
work	work
wood	rope
wild	over
wind	table
time	mate
water	fire
wave	color
tail	length
turn	sheet
wise	mill

FIND 10 DIFFERENCES

MAZE 7

THE ROCK

```
M Y L C F T J Z R V D F T E K B
G R R E Y A L P D E H N X W K F
N D T L B A V B S P L T R W M X
I B H T C X D A E Z R T R R Z W
R P F T D F M X G C K G S M K Z
B H O G Z O T W L X O J R E L L
A R C L A D R Q R R K O Y R R T
Y H K N T E R T M D T X L H G W
W Z C M T H H V S T N B X X V L
A H R S O M E E S N I T C H G O
T G A V X O L R T R N B T T N N
C F F G T U D C O P L B R L M G
H D H P C T F D T C L L C X X S
X H L R V X M C G L K J J H V H
Z L E K F R X F O O T B A L L O
G H T W K R E C U D O R P V M T
```

ACTOR	HERCULES	SNITCH
BAY WATCH	LONGSHOT	THE ROCK
BE COOL	PLAYER	WRESTLER
DOOM	PRODUCER	WWE
FASTER	RING	
FOOTBALL	SAMOAN	

Puzzle #7

MEDIUM

8	5	7	9	4		6		1
							5		7
	4	6		7				8
4				8				
6				9	7	3		
	9	2		5	1			4
					4		9	
		9	2					5
5	3		7					6

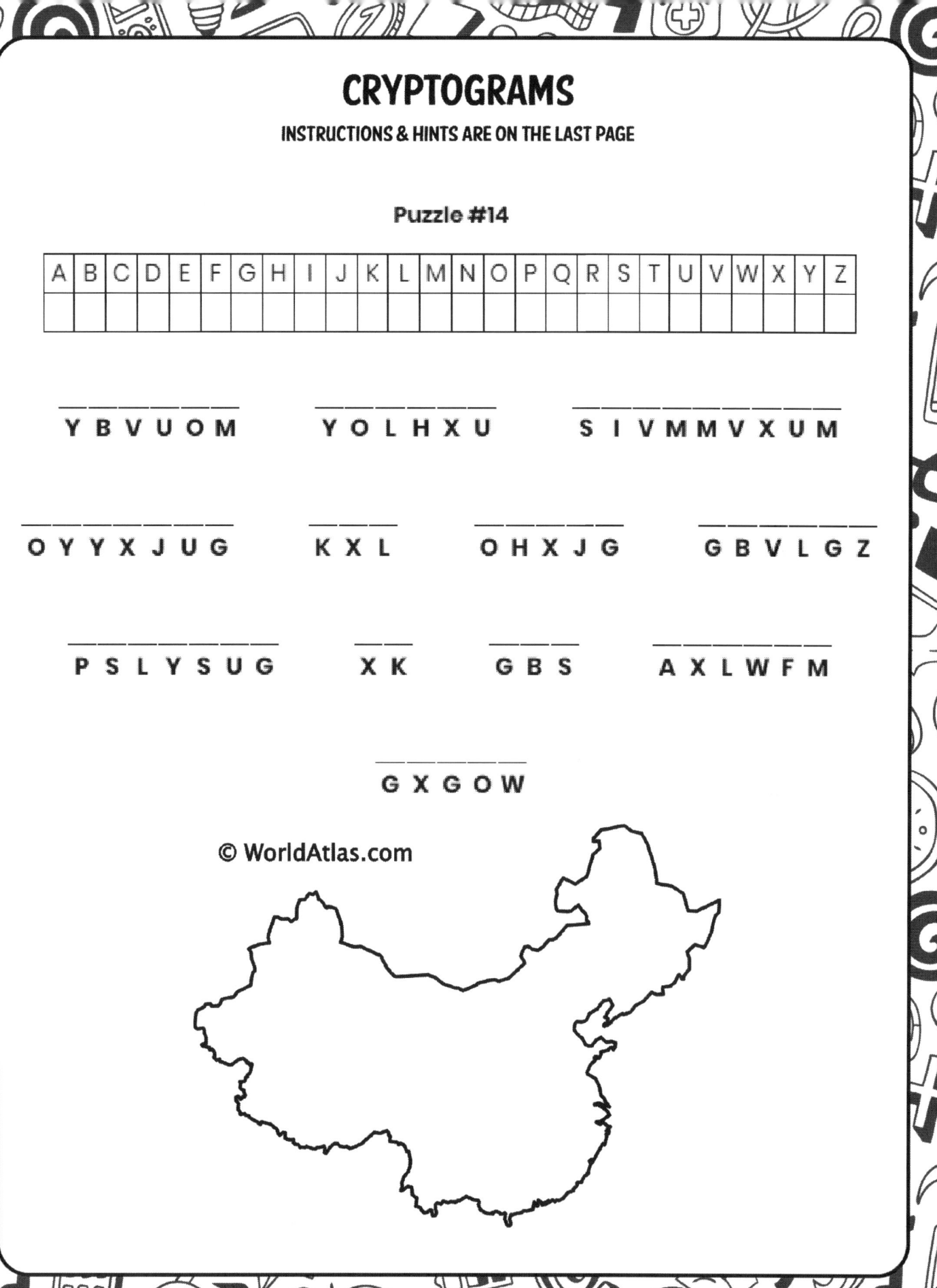

FALLEN PHRASES - FUN FACTS

MEDIUM

The letters of the phrases have fallen off the board. Luckily they fell directly under the column they were in. Put them back on the board in the correct order to solve the puzzle!

13

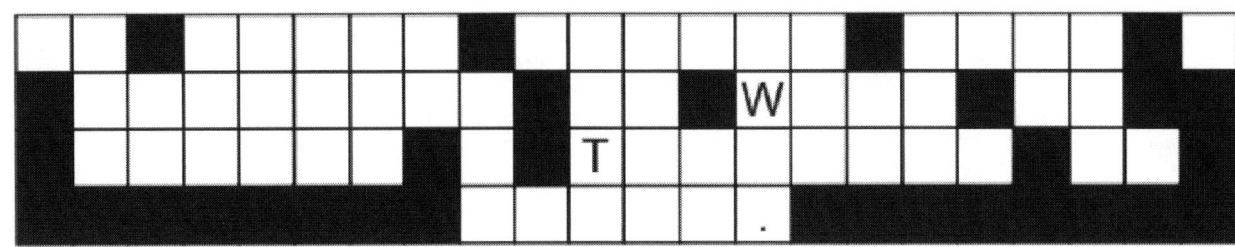

```
                         W E
     L   E A K I   E   N E A S E   B         O
 C I T A T E M H T O F Y V P O O E T S
 I T R F E T E S A O   E L   O R K N E O F A
```

14

```
     O S A   D   D U   F   C L   N N       W E N U
 B E N I N N   F   O M C K I N G M A D Y   P A R E S
 H A D N E D L T R W E A   I N O A   C S B E C A T S E
```

CARTOON CHARACTERS

```
E L B I D E R C N I M J T G Z N
L T Q E R I C C A R T M A N W O
J N W B Q K N C K P O P E Y E S
D D T L M I C K E Y M O U S E P
Q N K L D T R P X B Y D V D M M
X B R D Q G A N M Y O F K X H I
D F A K C T T V V N B N O Z K S
T L Q T R G B X A B O A L O X T
A T E I M C K L X U B M Y R G R
R M C I I A D T X G E R W M X A
Z K K N F D N C B S G E J F M B
A F O P U R W M R B N D V L L M
N S M C L T A K Q U O I C T C X
Q M K N U G G V N P P G R R B
L O M E N K T Y B N S S D L G Y
W R R H K N Q O R Y C X M M J C
```

ALADDIN	GARFIELD	PLUTO
BART SIMPSON	GOOFY	POPEYE
BATMAN	INCREDIBLE	SONIC
BUGS BUNNY	MICKEY MOUSE	SPIDER MAN
DONALD DUCK	NEMO	SPONGE BOB
ERIC CARTMAN	PATRICK	TARZAN

MAZE 9

DISASTERS

```
H U R R I C A N E O B L Z G K
C N Z X W B Z E D A T K K R L M
Y G R V Y N R A D Y D O O L F L
C B H Z R I N H T M R V J N L T
L C H V F R A Y N B R W L R R E
O B W D O I P L L Y L L L I K A
N P L T R H F L H T V K M M M R
E I Q D O E N R R D M G R A R T
W T A O T D L I G H T N I N G H
M Y N Q P I L V L T P C Q U V Q
R H Z D L G T O M H S X S B U
N T Q K P S D B W L T G T T X A
Q Z X T R D T W M V C K U O Z K
K T E H C N A L A V A A R O R E
X L N L D A T B R Q R H N T R M
H Q F V G L M G P Z Y K Y O G D
```

AVALANCHE	FLOOD	TORNADO
BAD HAIR DAY	HURRICANE	TSUNAMI
CYCLONE	LAND SLIDE	TYPHOON
DROUGHT	LIGHTNING	VOLCANO
EARTHQUAKE	STORM	WILDFIRE

Puzzle #8

MEDIUM

	6				9		1	
	1		6	3				4
3	8		1		5			
7						2		8
		5	9					1
4	2	1		7		5	6	
							8	
2			7					3
	5		3	4		1		7

CRYPTOGRAMS

INSTRUCTIONS & HINTS ARE ON THE LAST PAGE

Puzzle #15

A	B	C	D	E	F	G	H	I	J	K	L	M	N	O	P	Q	R	S	T	U	V	W	X	Y	Z

_____   _____   _____
Y J U M C L   B J T M   Q B X M M

_____   _____   _____
M Z M C N V L   Q B J Q   E X O Q M Y Q

_____   _____   _____   _____
Q B M U   P X O U   Q B M   X O S G B

_____   _____   _____   _____
A N H V L   N H   Q B M   V M L M X Q

FALLEN PHRASES - FUN FACTS

HARD

The letters of the phrases have fallen off the board. Luckily they fell directly under the column they were in. Put them back on the board in the correct order to solve the puzzle!

15

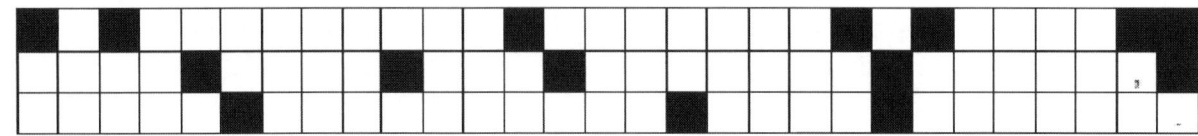

```
  Y   C     E V O     T H       I Y     E R A         H N G E
  D I L L O C K R E N C U R W L T H F U O L     W E E K S
W A   I N G L I V E A F O A L S E V O R T M A H U E A D R
```

16

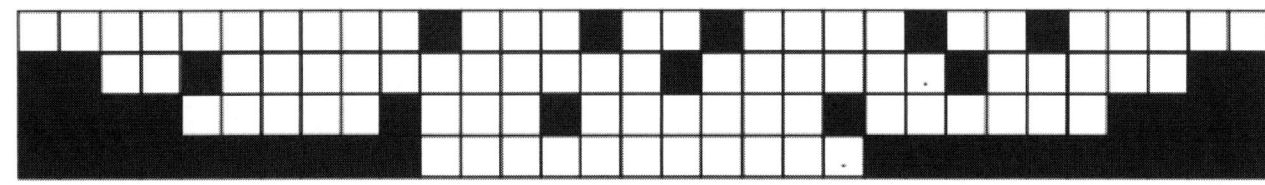

```
                      C T       B         A S
        R E E I     A N L I V T A V U S     E         T   E
  N P L T A M S O A O D L L E A W E S T D     T O R C I R
S U U F S O W D R S P C A N U E E N T S E A B S O H B L E A N
```

CRYPTOGRAMS

INSTRUCTIONS & HINTS ARE ON THE LAST PAGE

Puzzle #16

A	B	C	D	E	F	G	H	I	J	K	L	M	N	O	P	Q	R	S	T	U	V	W	X	Y	Z

__   __ __ __ __ __ __ __   __ __ __ __ __ __ __   __
J   F A F Q L A J F O   V K Z O A N Z   J

__ __ __ __   __ __ __ __   __ __ __ __   __ __ __
O W J R   V K H H   H K B W   D A L

__ __ __ __ __ __   __ __ __ __   __ __ __ __
C W B W L J H   V W W Q C   R Y K P U

__ __ __ __ __ __ __ __   __ __ __ __   __ __ __ __ __ __
W B W P Z N J H H Y   D L A G   O N P U W L

MAZE 10

THE BIEB

```
T N J T N N J Z L S B T N N N T
T H W H L B L N T A C T N T C V
X W C X L N K R B G Q R Y F H T
L B M E L D G Y V C N C A R W X
O T G C O N F I D E N T L P K R
R V N U R E T A E H T M L U P M
D N N R D Q V I D P Q Q N R K Y
R L P B K E T L R J T N M P I N
A B X M Y T T J T Z Q B Z O D Q
U R N W A F U N S V L B S R Q
H W E P Q S F X E I D P R E A X
L R V N T M V L K L N N E N U J
D G H I J G G H M W A G B G H V
H B N E V E I L E B M T E F L F
T W T F J A Z Z Y L V H I R D R
R M D T K F L W L R C Q B M L W
```

BABY	JAZZY	SCRAPPY
BELIEVE	JUSTIN	SINGER
BIEBER	KIDRAUHL	TALENTED
BRUCE	LORDRAUHL	THEATER
CONFIDENT	PATTIE	
DREW	PURPOSE	

Puzzle #9

HARD

					7			
	3	5						
6					9	8		7
		8	6					
	7						2	
				1		6		8
					2			5
	6	9		3			8	
				8	4	3	1	

CRYPTOGRAMS

INSTRUCTIONS & HINTS ARE ON THE LAST PAGE

Puzzle #17

A	B	C	D	E	F	G	H	I	J	K	L	M	N	O	P	Q	R	S	T	U	V	W	X	Y	Z

F O   O C L A W   O V A U P A   S A A W   C

U F Z A O F T A   R Z   V R X L   O R

K X A C O A   C   O A C W N R R Y   R Z

M R Y A D

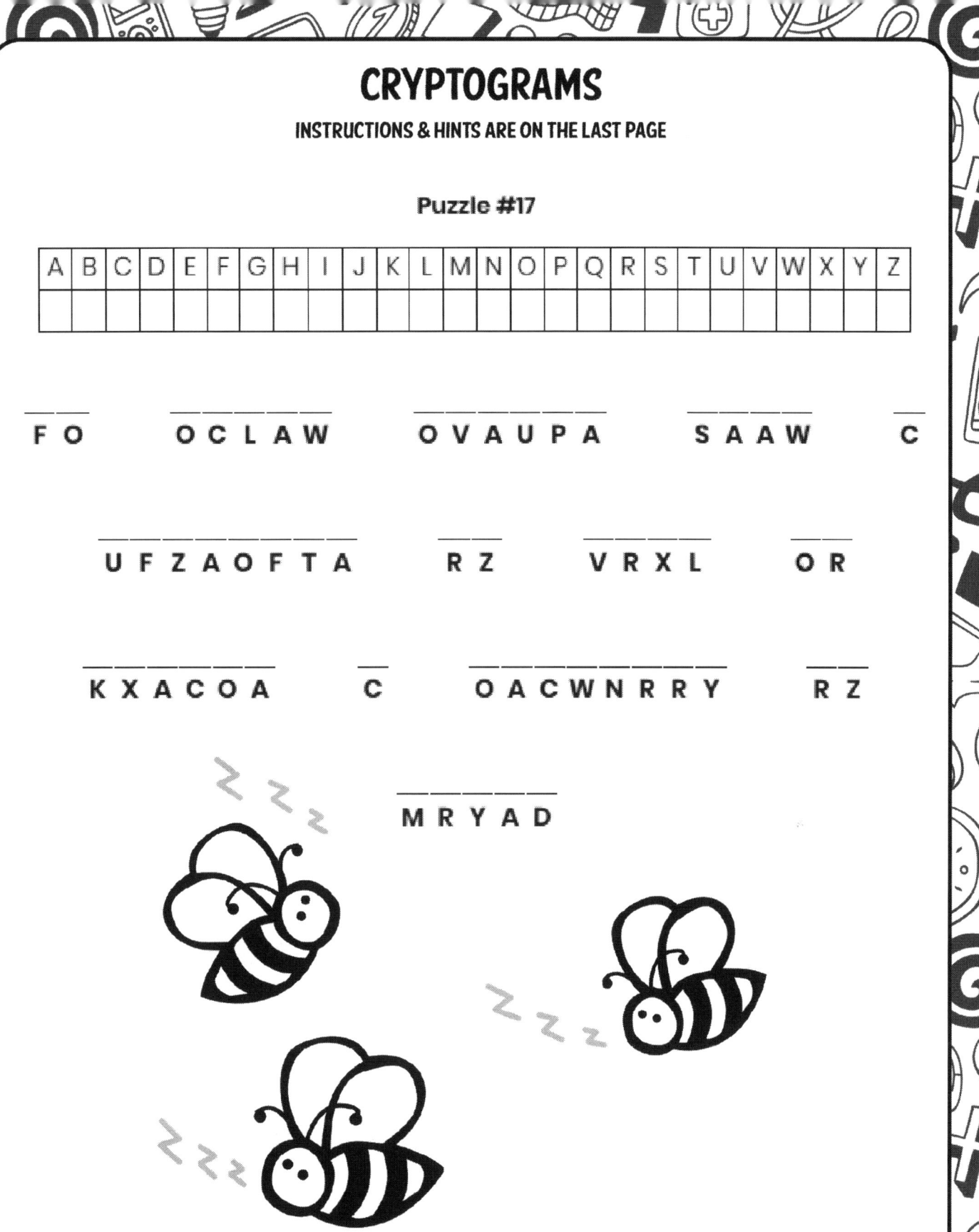

FALLEN PHRASES - FUN FACTS

HARD

The letters of the phrases have fallen off the board. Luckily they fell directly under the column they were in. Put them back on the board in the correct order to solve the puzzle!

17

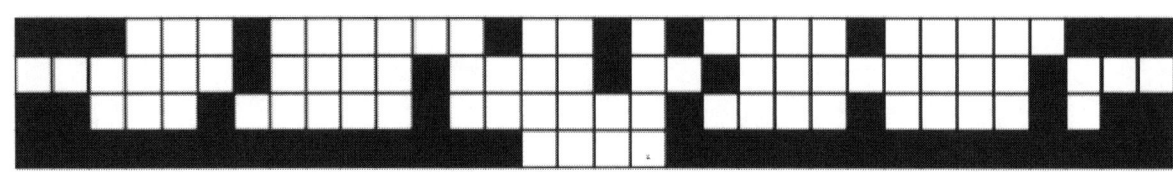

```
                              O N
        T H      E O R E   T   I F   A      E R E   T H A T
      I G H S   M A N G   W H A G R S   M O L E   W H A N   A
W E I T S E H T O R T U E E C A H A N B L U E P H A N L E A N D
```

18

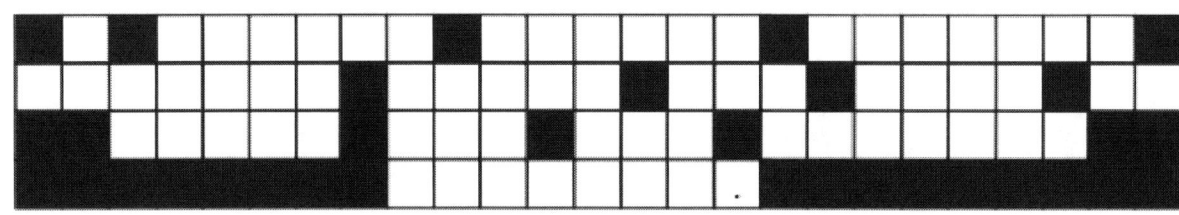

```
                D       H         A         S
      T I F A     N O R L I W W         L L E D
    A C G O N F   P U L A T R E A S I S O I T N I
  M A S H I L D E F O P P Y R O D M T I B L O A N N
```

HOMOPHONES

```
B T B K Y T H D L J J P K K R R
Y V G R H R O W W X M L I N N R
L Q N B K T L D D B C T T E R R
L K I T Y M Y E B O O G P V C L
O N L Z J N R J U A C R Y F K E
H E A K P R C R N F R C E F X M
W W E Z A D S H T N N D C D H V
F D S B M E K G T M R O J G C Y
E G Q V Z W H V P H A J U J Z N
R C R Z E X G B W R G O C J L V
L Z A N L T N K S M B I G H R K
L T G E J M P E T I A W E L N N
V Q Z V P P N C N N J O Z W R K
G D C E I L I N G Q B B V N K G
K K C P S K N I L N Q F G Y P M
T Z Z R L Y N X R Y L B O A R D
```

BARD	COARSE	PEACE
BARRED	COURSE	PIECE
BOARD	HOLY	SEALING
BORED	KNEW	WAIT
BOUGH	LINKS	WEIGHT
BOW	LYNX	WHOLLY
CEILING	NEW	

MAZE 11

ISLANDS OF EUROPE

```
Z W I C E L A N D N M L Y V M X
C M Z J R Z F W V B M W X T M B
J R Z Q Y L S Y Y Y L Z M R Q Z
X X E N P K W A D L N K A L B Q
M M T T N B L Q R M Z E V M R Y
A Y F X E M A N L D O C W G D W
L L Y F D Z L O D B I R Y V K P
T I L K O Y H P U N H K Z J H
A C N R H N Z E R S A V I K Y N
F I E N R T R T K E H L K A M Y
A S C O R S I C A D N M E M Q O
R F B T R Z N Q L I N J Y R R P
O F Q F K V L N D R G E M K I H
E T M H R N R V V B F R N D V N
N A M F O E L S I E V E H U V T
W D N A L T O G G H Y X N Y F G
```

AZORES	FUNEN	MALTA
BORNHOLM	GOTLAND	ORKNEY
CORSICA	HEBRIDES	SARDINIA
CRETE	ICELAND	SICILY
EUBOEA	IRELAND	
FAROE	ISLE OF MAN	

Puzzle #10
HARD

2								
7			5			2		
		6			4	8		
			4					8
					2	9		
1	6					7		5
	1			3	8		4	
				2			5	1
		9						

CRYPTOGRAMS

INSTRUCTIONS & HINTS ARE ON THE LAST PAGE

Puzzle #18

A	B	C	D	E	F	G	H	I	J	K	L	M	N	O	P	Q	R	S	T	U	V	W	X	Y	Z

L U P I Y V R E S L   H X P   W E   U L E Z   N V

H Y E X P   U O   S X Z M V X H N M B E   R X L N E

Puzzle #19

A	B	C	D	E	F	G	H	I	J	K	L	M	N	O	P	Q	R	S	T	U	V	W	X	Y	Z

C W B   Q O K J B K   T U F Y B C   T U N C O

W F S   F   G J F U U B K   G N K Q F I B   F K B F

C W F Y   K N G G E F

FALLEN PHRASES - FUN FACTS

HARD

The letters of the phrases have fallen off the board. Luckily they fell directly under the column they were in. Put them back on the board in the correct order to solve the puzzle!

19

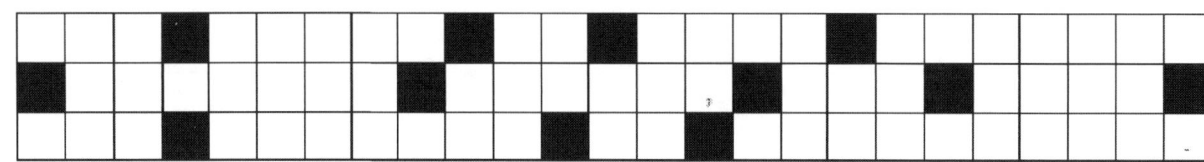

```
N E   P A R C       A       O       B   T   A B L E
T P E   E E R T E W T S E R   E R I N K O E L Y
O H E R C E N T H N I T I S V D R U S E V N N T Y
```

20

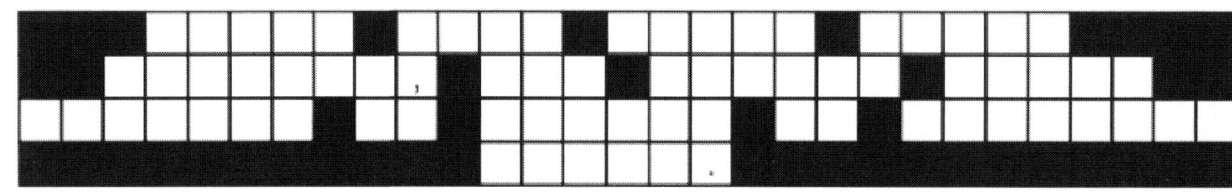

```
                    T T     E
        W O R L       S H E W U N   I       C S S
    F L E S T D A O   M A I I O U I D E G A S T A A L
C L O S H I I E T M O A F R N C A L T S D U E T U T E L Y
```

CRYPTOGRAMS

INSTRUCTIONS & HINTS ARE ON THE LAST PAGE

Puzzle #20

A	B	C	D	E	F	G	H	I	J	K	L	M	N	O	P	Q	R	S	T	U	V	W	X	Y	Z

___ ___ ___ ___ ___
F R O   F Y X T E O   Y J   I   Q M E O

___ ___ ___ ___
N R I M O   N O H T R D   W Y B O   F R I X

___ ___ ___ ___
I X   O M O S R I X F   I X Z   H F D

___ ___ ___ ___
R O I B F   N O H T R D   W Y B O   F R I X

___ ___
I   P I B

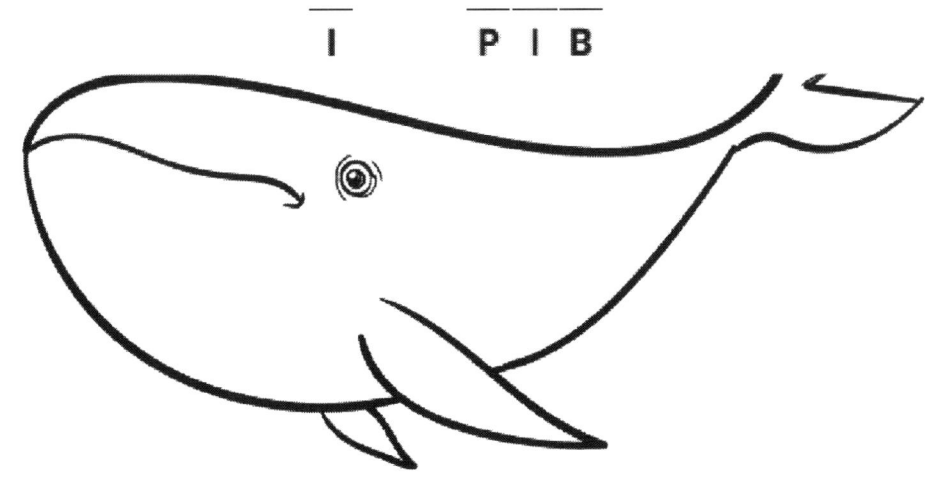

MAZE 12

BEACH

```
T W W L L S T D D O L P H I N V
F O K I Z U E T R U N K S G O S
Z R W F T R K D R V J F J L E C
N B K E Z F C F J N G L L S B E
C E M G L B U L L Z J E S G D L
I A K U N O B N K X Y A M W R T
N C Z A N A N N B B L D M Y Z S
C H R R H R H D A G N E N T C A
I B N D G D T L N E I P D A V C
P A T J Z R L U E N E X G A S Y
L L E H S J S R I B M W B W P X
J L J V Z D C K B N C N R O G S
R R V M T S I L K J R T B R O X
N R B T N B E G K K N Z L N T K
T Z L U M Q X M M A E R C E C I
C L S P E E D B O A T H L Z T R
```

BEACHBALL	LIFEGUARD	SUN GLASSES
BIKINI	PEBBLE	SUNSCREEN
BOOK	PICNIC	SURF BOARD
BUCKET	SAND	TOWEL
CASTLE	SHELL	TRUNKS
DOLPHIN	SPADE	VOLLEYBALL
ICE CREAM	SPEED BOAT	

Puzzle #11
HARD

		3		6				
					9	7	3	
		6	3					2
		9		2		5		4
6					5	2		9
		4						
		2			7	1		
	5	1	9					
			8			6		

CRYPTOGRAMS

INSTRUCTIONS & HINTS ARE ON THE LAST PAGE

Puzzle #21

A	B	C	D	E	F	G	H	I	J	K	L	M	N	O	P	Q	R	S	T	U	V	W	X	Y	Z

_ _ _ _ _ _   _ _ _ _   _ _ _ _ _ _   _ _ _ _
X F Q Y T X   X C L B   L F M G L D   V H E H

_ _ _ _ _ _   _ _ _ _   _ _ _ _ _ _
S Y Q Q H X   O E F M   O G Q T Y Q X

_ _ _ _ _ _   _ _   _ _   _ _ _
S H L Y C D H   J H   G D   Q F A

_ _ _ _ _ _   _ _ _   _ _ _ _
V H Y E G Q R   Y Q K   Z Y Q A D

CRYPTOGRAMS

INSTRUCTIONS & HINTS ARE ON THE LAST PAGE

Puzzle #22

A	B	C	D	E	F	G	H	I	J	K	L	M	N	O	P	Q	R	S	T	U	V	W	X	Y	Z

‾C   ‾O ‾Y ‾D ‾C   ‾C   ‾R ‾L ‾Y ‾T ‾C ‾B   ‾C ‾J ‾M   ‾C

‾D ‾L ‾Y ‾J ‾K ‾C ‾A ‾J   ‾Q ‾A ‾L ‾J   ‾C ‾B ‾N

‾M ‾A ‾P ‾P ‾N ‾B ‾N ‾J ‾K   ‾J ‾C ‾D ‾N ‾U   ‾P ‾L ‾B   ‾K ‾H ‾N

‾U ‾C ‾D ‾N   ‾C ‾J ‾A ‾D ‾C ‾Q

Puzzle #23

A	B	C	D	E	F	G	H	I	J	K	L	M	N	O	P	Q	R	S	T	U	V	W	X	Y	Z

‾U ‾L ‾U ‾L ‾K ‾J ‾X ‾S   ‾A ‾M ‾N ‾N   ‾Z ‾L ‾O ‾I

‾W ‾I ‾L ‾W ‾N ‾I   ‾I ‾G ‾U ‾P   ‾C ‾I ‾G ‾O   ‾X ‾P ‾G ‾K

‾S ‾P ‾G ‾O ‾A ‾S   ‾Q ‾L

SELF ESTEEM

```
F Y R C L E B F W W D K B M Y X
T Z E M T C G N X J Z M T T B G
T M S J W F T O C V L C D F N H
C D P X H O Y N T Y Y M R M N A
E K E R L F R C E I Y T L N N P
P T C T C K X T M D S K T Z T P
S Y T K K C Z X H X I M R N K I
E Y E D U T I T A R G F E Y M N
R E L B I D E R C N I C N Z C E
F Z K D C J Q Y D M I J N O R S
L R D O T L P I E F Y W Z V C S
E C Q O M E G V I P R K N N R L
S Q M G A N O N A M A Z I N G L
K N C C I L G P R I D E G G C G
M V E T Q A N S G N I L E E F Y
V B Y K M K L K L W N Y L G Q N
```

AMAZING	GRATITUDE	PRIDE
CONFIDENT	HAPPINESS	RESPECT
DIGNITY	INCREDIBLE	SELF RESPECT
EGOTISM	LOVE	WORTH
FEELINGS	MAGNIFICENT	
GOOD	PEACE	

CRYPTOGRAMS

INSTRUCTIONS & HINTS ARE ON THE LAST PAGE

Puzzle #24

A	B	C	D	E	F	G	H	I	J	K	L	M	N	O	P	Q	R	S	T	U	V	W	X	Y	Z

I P W L A G W Q R   U H B Q   E T A Q S J

O G O X L   B O G   O   I W R

O Y Y A N O R H P   N A V W Q   R H   B A X

Z J   O   C P W Q S B   N W Q W P O Y

Puzzle #25

A	B	C	D	E	F	G	H	I	J	K	L	M	N	O	P	Q	R	S	T	U	V	W	X	Y	Z

M   C A M W H   K M A   C H O O F   S T X

E F   J T   J B X O O   Y O M X C

TIME

```
T W L H G D G L K P F Z N W Q C
B V B R A H L M W W R C M K L W
G M M Y H O U R S R E Q M P L F
D O S R W Z N R E Q W E N R N Y
Z N K T M Z J V M R K Q K N K T
T T S M R Y E A R S V K R S V I
P H T T T R L G V M R G Q M T N
N S O K O K X G E N I M P F T I
Y G P F N F C D F K C N M Q W F
H K W Z W V A T H K C T U X W N
V C A Z M C G N N E N F X T M I
M O T T E R Y N N C G G Y L E H
K L C D K T A T R Z B G K T R S
D C H H Z Z U L R N D Y V Z R Q
Q J Y T J R X J A S D N O C E S
Q H V L Y M U I N N E L L I M P
```

ALARM   FOREVER   MONTHS

CENTURY   HOURS   SECONDS

CLOCK   INFINITY   STOPWATCH

DAYS   MILLENNIUM   WEEKS

DECADE   MINUTES   YEARS

Puzzle #12
HARD

	5	2			8			
3	9		2			6		
1				7	5			
					2	3		
			9	4	7			5
4	1					9		
						1	6	
				6				
				5				9

MAGIC

```
W X C I Q L M M L N Z L V M D J
T L U R L Q K K C H M W X R Y K
R L R D L L D A Y G M K A Z B K
L D S D Q D U M Q M B Z X H R Y
L M E M F L E S Q N I V X Z O K
E J F A D H H N I W K T L L O M
P J K R C B L O K O K T P Z M L
S I O L Q W Q I P N N N L P M
R N A G W Y K T K H R M A G I C
J G Z D Y I D O Q H K N M B V R
O T S E R P T P J M S T W D P M
C N M T M W Y C B G W I M T J D
V G P R B M C Q H N K R N R N N
C R Y S T A L B A L L D N A W D
N P B B Q H R C H A R M S Z V C
R J H X X G K G C O N J U R E R
```

ALCHEMY	CURSE	SPELL
BROOM	FAKIR	VANISH
CAULDRON	ILLUSION	WAND
CHARMS	MAGIC	WITCH
CONJURER	POTIONS	WIZARD
CRYSTAL BALL	PRESTO	

WORD SEARCH ANSWERS

SMARTPHONE

SOLAR

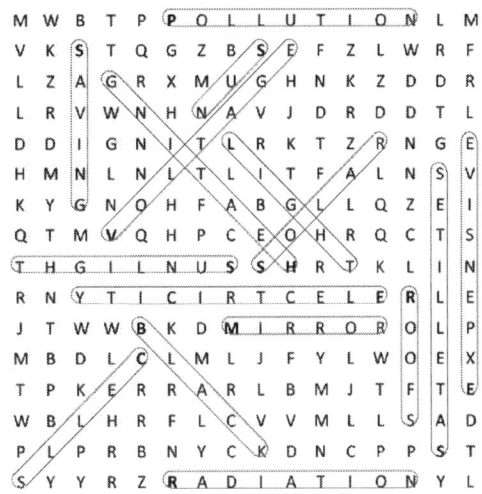

HOBBIES

BIRTHSTONE

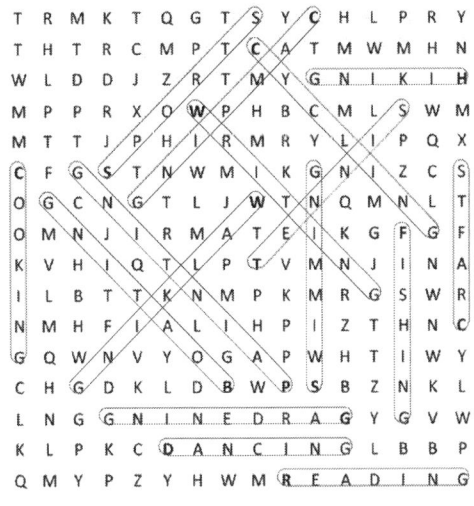

SANDWICH

JELLY

WORD SEARCH ANSWERS

THE ROCK

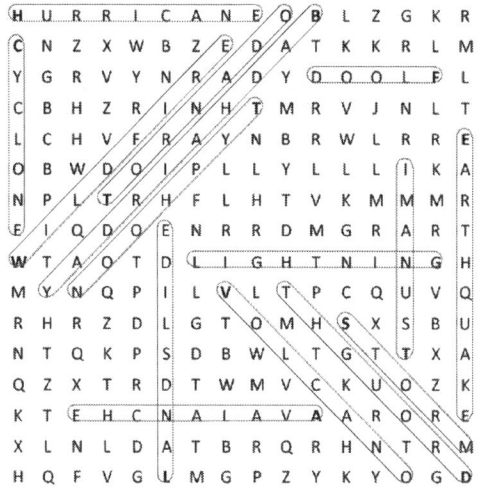

CARTOON CHARACTERS

DISASTERS

THE BIEB

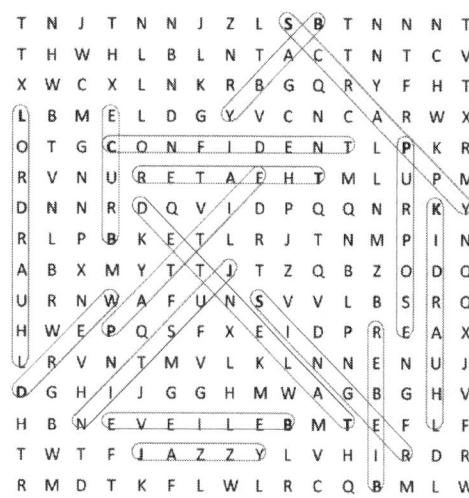

HOMOPHONES

ISLANDS OF EUROPE

WORD SEARCH ANSWERS

BEACH

SELF ESTEEM

TIME

MAGIC

FUNNY

SUMMER FUN
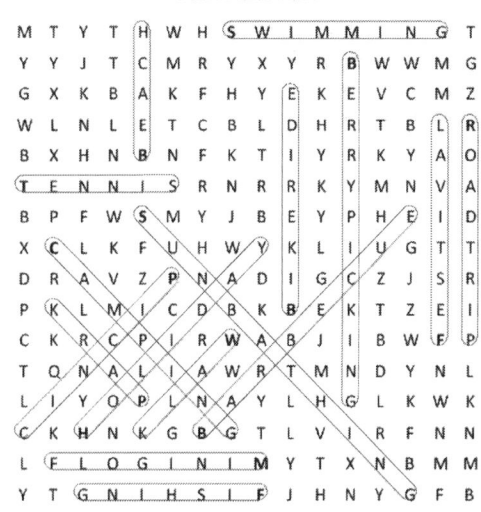

CRACK THE CODE - SOLUTIONS

PUZZLE 1

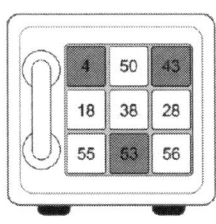 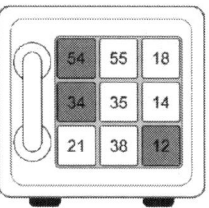
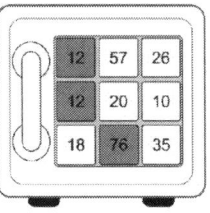 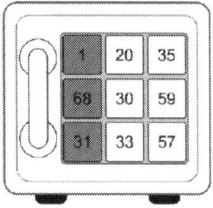

PUZZLE 2

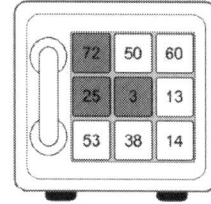 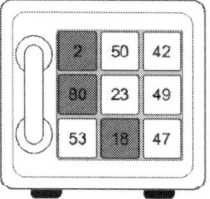
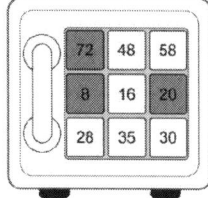 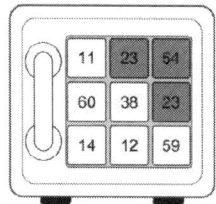

PUZZLE 3

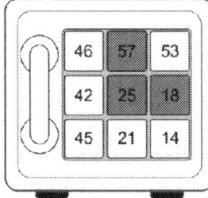 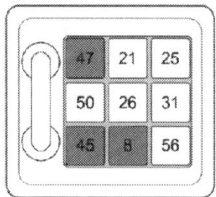
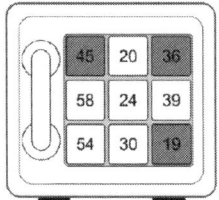 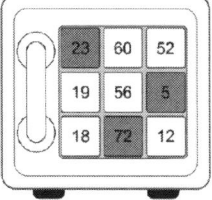

PUZZLE 4

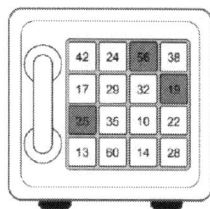 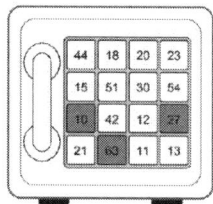
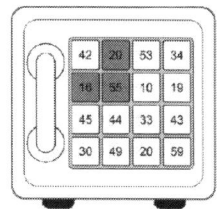 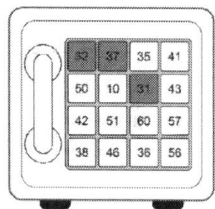

PUZZLE 5

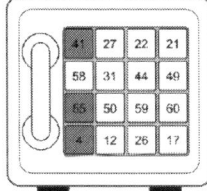 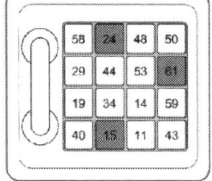
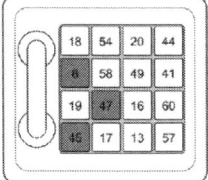 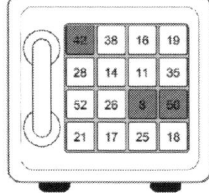

PUZZLE 6

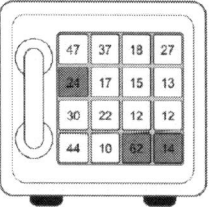 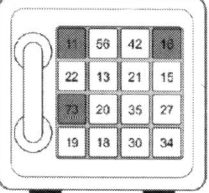
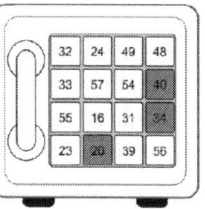 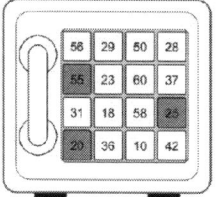

MAZE ANSWERS

MAZE ANSWERS

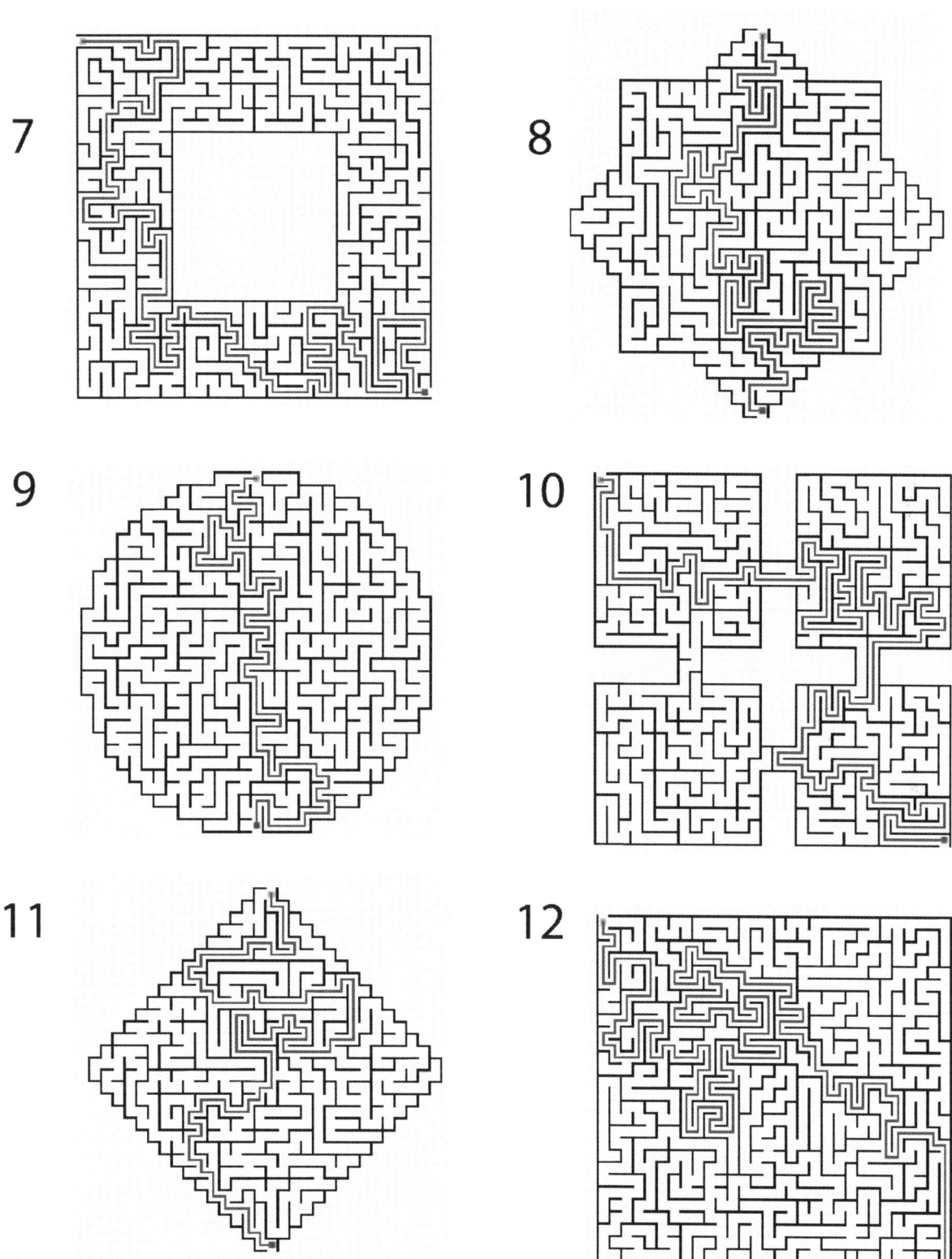

CROSSWORD SOLUTIONS

ITALIAN FOOD
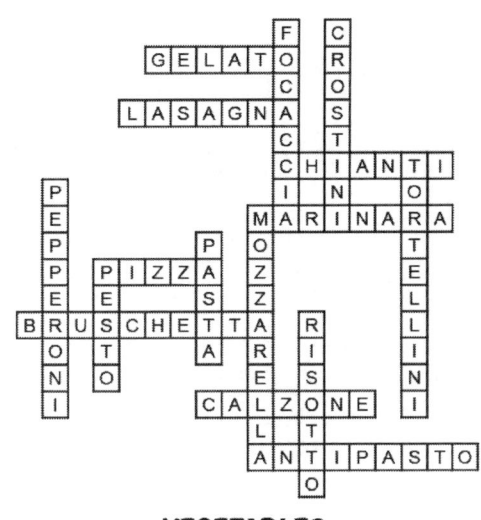

FOSSILS

VEGETABLES
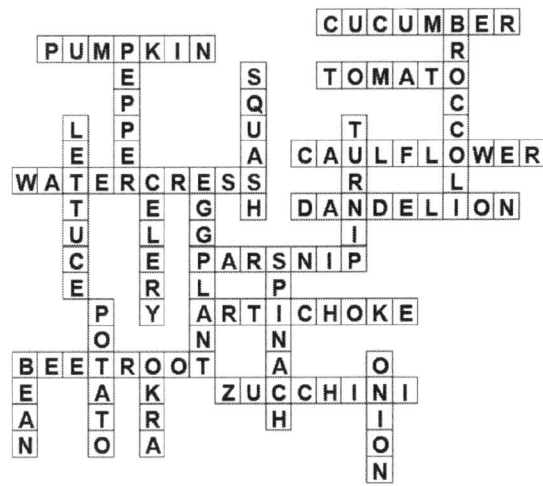

CAREERS
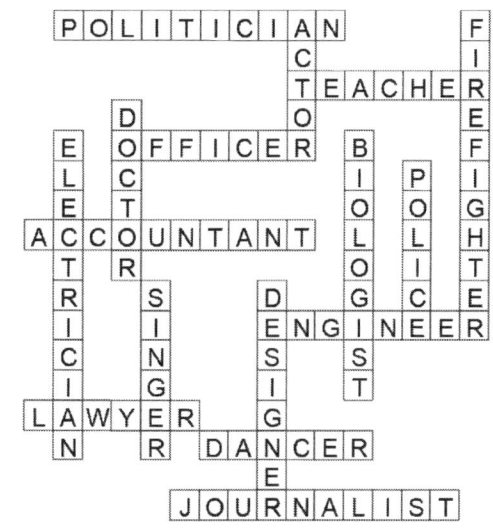

MUSIC

BIRTHDAY
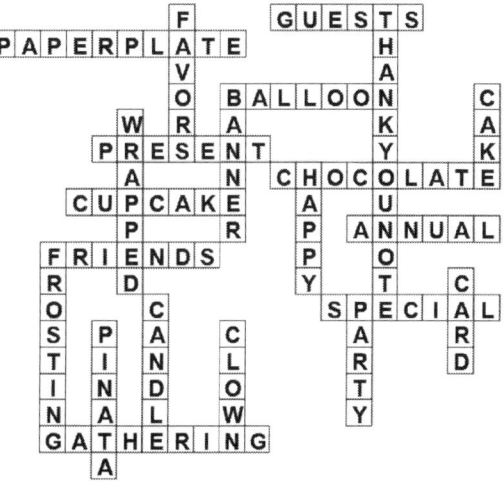

HIDDEN WORD SOLUTIONS

1. Astronomy, volcano, insect, dinosaur, reptile, mammal, cell, history, biology, fossil, collection, meadow, endanger, ecology. Hidden word = Natural History
2. Wind, thunder, tsunami, storm, humidity, shower, sunrise, snowflakes, smog, barometer, atmosphere, clouds, hurricane, monsoon, sunset. Hidden word = Weather Forecast
3. Cattle, roam, civil war, cowboy, railroad, eighteen sixty five, Texas, Wichita, rural, Kansas, adventurer, resources, stripped. Hidden word = Cowboys Wanted
4. Different, share, sightseeing, rewarding, photo, relationship, travel, abroad, trip, stare, friendly, open-minded, understanding, multicultural, overseas, country, socialize, meet, volunteer, tolerance. Hidden word = The world is your oyster
5. Astronaut, spaceship, alien, technology, unreal, scientist, denounce, future, predict, creation, dystopia, visionary, explore, a novel. Hidden word = Science fiction

FIND THE DIFFERENCES ANSWERS

CRYPTOGRAM SOLUTIONS

1. For every human on the planet there are over one million ants.
2. A banana is classified as a berry. A strawberry is not.
3. The average weight of a cumulus cloud is over one million pounds.
4. The earth is over seventy percent water, but only one percent is drinkable.
5. Algae and plankton produce more oxygen than trees.
6. The unicorn is the national animal of Scotland.
7. You can tell the color of an egg a chicken lays by the color of its earlobe.
8. It is illegal to own a pet hamster, gerbil, snake or hermit crab in Hawaii.
9. Sea stars have an eye at the end of each arm.
10. September twenty fifth is know as world dream day.
11. More Monopoly money is printed in a year, than real money throughout the world.
12. Bamboo can grow up to thirty-five inches in a single day.
13. The Empire State Building was the first building to have more than one hundred floors.
14. Chinas carbon emissions account for about thirty percent of the world's total.
15. Camels have three eyelids that protect them from the rough winds in the desert.
16. A cockroach without a head will live for several weeks, dying eventually from hunger.
17. It takes twelve bees a lifetime of work to create a teaspoon of honey.
18. Sunflowers can be used to clean up radioactive waste. Their stems and leaves absorb pollutants.
19. The former planet Pluto had a smaller surface area than Russia.
20. The tongue of a blue whale weighs more than an elephant and its heart weighs more than a car.
21. Donald Duck comics were banned from Finland because he is not wearing any pants.
22. A puma, a cougar and a mountain lion are different names for the same animal.
23. Coconuts kill more people each year than sharks do.
24. President John Quincy Adams had a pet alligator given to him by a French general.
25. A snail can sleep for up to three years.

WORD LADDER SOLUTIONS

1. GREEN-GREED-TREED-TREES-TRESS-CRESS-CRASS-GRASS
2. TENT-TINT-TILT-TILE-TALE-TAME-CAME-CAMP
3. NOTE-NONE-CONE-CORE-CURE-CUBE-TUBE-TUNE
4. FOUR- FOUL- FOOL- FOOT- LOOT- LOST-LOSE-LOBE
5. KIND- FIND- FINE- LINE- LONE- LOSE- ROSE
6. WIND- MIND- MINT- MIST- MISS

COMPOUND WORD MATCH SOLUTIONS

1. Babysitter, bookstore, backdrop, bedspread, bankroll, afternoon, airline, anywhere, background, lighthouse, mankind, moonlight
2. Barnyard, catfish, afternoon, bookmark, forklift, countdown, backspace, blockbuster, boardwalk, anymore, cowboy, bagpipe.
3. Wisecrack, tailspin, woodwork, tightrope, turnover, timetable, teammate, wildfire, watercolor, wavelength, worksheet, windmill

ANSWERS - FALLEN PHRASES

1 For every human on the planet there are over one million ants.
2 A banana is classified as a berry. A strawberry is not.
3 The average weight of a cumulus cloud is over one million pounds.
4 Algae and plankton produce more oxygen than trees.
5 The unicorn is the national animal of Scotland.
6 You can tell the color of an egg a chicken lays by the color of its earlobe.
7 Sea stars have an eye at the end of each arm.
8 Brad Pitts first role was as an El Pollo Loco Chicken.
9 Bamboo can grow up to thirty five inches in a single day.
10 The Empire State Building was the first building to have more than one hundred floors.
11 The former planet Pluto had a smaller surface area than Russia.
12 Camels have three eyelids that protect them from the rough winds in the desert.
13 It takes twelve bees a lifetime of work to create a teaspoon of honey.
14 Donald Duck comics were banned from Finland because he isn't wearing any pants.
15 A cockroach without a head will live for several weeks, dying eventually from hunger.
16 Sunflowers can be used to clean up radioactive waste. Their stems and leaves absorb pollutants.
17 The tongue of a blue whale weighs more than an elephant and its heart weighs more than a car.
18 A golden haired Tibetan Mastiff puppy was sold in China for two million dollars.
19 The earth is over seventy percent water, but only one percent is drinkable.
20 While most would guess Florida, the United State closest to Africa is actually Maine.

DOUBLE RHYME SOLUTIONS

1. Rub Cub, Cranky Yankee, Cash Bash, Straight Eight, Mass Grass, Cat Spat, Long Song, Free Bee, Mean Bean, Moon Toon. Do good and good will come to you.
2. Worse Verse, Loan Moan, Oar Store, Bare Hare, Pure Cure, Fine Sign, Noodle Strudel, Whale Tale, White Knight, Bran Ban, Believe you can and you are halfway there.
3. Neat Feat, Bold Mold, Town Gown, Spoil Oil, Pop Shop, Nose Froze, Still Gill, Kissed Wrist, Real Deal, Clear Fear, You don't find happiness, you make it.
4. Last Blast, New Glue, Peach Speech, Best Next, Tame Shame, Dark Park, Gal Pal, Next Text, Silly Lily, Meal Deal, When things go wrong don't go with them.
5. Ship Trip, Loud Crowd, Munch Lunch, Rug Tug, Ledge Pledge, Near Here, Wide Slide, Bold Cold, Melon Felon, Mild Child, Be yourself, everyone else is already taken.
6. Stale Tale, Clean Scene, Live Dive, Fake Rake, Loose Bruise, Dorm Form, Plane Strain, Coon Tune, Book Nook, Grand Land, If you can't change it, change the way you think about it.

SUDOKU SOLUTIONS

Puzzle # 1

8	1	6	7	4	3	9	2	5
5	2	3	8	1	9	7	6	4
4	7	9	5	6	2	8	3	1
9	6	4	2	5	8	3	1	7
7	5	1	4	3	6	2	8	9
3	8	2	9	7	1	5	4	6
2	9	7	6	8	4	1	5	3
1	4	8	3	9	5	6	7	2
6	3	5	1	2	7	4	9	8

Puzzle # 2

1	2	3	5	4	6	9	8	7
6	5	9	8	1	7	4	2	3
7	8	4	3	9	2	5	1	6
2	9	5	7	6	3	1	4	8
8	6	1	4	5	9	3	7	2
3	4	7	2	8	1	6	9	5
4	1	2	6	3	8	7	5	9
9	3	8	1	7	5	2	6	4
5	7	6	9	2	4	8	3	1

Puzzle # 3

4	6	5	3	9	7	2	8	1
1	8	2	4	6	5	3	9	7
7	9	3	8	2	1	5	4	6
6	4	7	2	3	9	8	1	5
9	3	8	5	1	4	7	6	2
5	2	1	7	8	6	4	3	9
2	1	4	6	5	8	9	7	3
3	7	9	1	4	2	6	5	8
8	5	6	9	7	3	1	2	4

Puzzle # 4

9	1	2	7	5	4	8	6	3
3	8	7	6	9	2	1	4	5
5	4	6	3	1	8	2	9	7
8	5	4	2	6	9	7	3	1
6	7	1	8	3	5	4	2	9
2	3	9	1	4	7	5	8	6
4	6	5	9	2	1	3	7	8
7	2	3	5	8	6	9	1	4
1	9	8	4	7	3	6	5	2

Puzzle # 5

4	6	5	8	3	7	1	2	9
7	2	3	6	1	9	4	8	5
8	9	1	5	2	4	3	6	7
6	1	9	7	8	5	2	4	3
2	8	4	9	6	3	7	5	1
5	3	7	2	4	1	8	9	6
3	5	2	4	7	6	9	1	8
1	4	6	3	9	8	5	7	2
9	7	8	1	5	2	6	3	4

Puzzle # 6

8	3	1	9	2	5	6	4	7
9	6	7	1	3	4	2	8	5
2	5	4	8	6	7	9	1	3
4	8	3	2	5	6	1	7	9
5	7	9	4	1	3	8	2	6
1	2	6	7	9	8	5	3	4
3	1	8	5	7	9	4	6	2
7	4	5	6	8	2	3	9	1
6	9	2	3	4	1	7	5	8

Puzzle # 7

8	5	7	9	4	3	6	2	1
9	1	3	8	2	6	5	4	7
2	4	6	1	7	5	9	3	8
4	7	5	3	8	2	1	6	9
6	8	1	4	9	7	3	5	2
3	9	2	6	5	1	8	7	4
1	2	8	5	6	4	7	9	3
7	6	9	2	3	8	4	1	5
5	3	4	7	1	9	2	8	6

Puzzle # 8

5	6	7	4	8	9	3	1	2
9	1	2	6	3	7	8	5	4
3	8	4	1	2	5	9	7	6
7	9	6	5	1	4	2	3	8
8	3	5	9	6	2	7	4	1
4	2	1	8	7	3	5	6	9
1	7	3	2	9	6	4	8	5
2	4	8	7	5	1	6	9	3
6	5	9	3	4	8	1	2	7

Puzzle # 9

9	8	1	3	2	7	5	6	4
7	3	5	8	4	6	2	9	1
6	4	2	1	5	9	8	3	7
1	2	8	6	7	3	4	5	9
5	7	6	4	9	8	1	2	3
3	9	4	2	1	5	6	7	8
8	1	3	7	6	2	9	4	5
4	6	9	5	3	1	7	8	2
2	5	7	9	8	4	3	1	6

Puzzle # 10

2	9	1	8	7	3	4	5	6
7	4	8	5	6	1	2	9	3
3	5	6	2	9	4	8	1	7
9	2	3	4	5	7	1	6	8
8	7	5	6	1	2	9	3	4
1	6	4	3	8	9	7	2	5
5	1	2	7	3	8	6	4	9
4	3	7	9	2	6	5	8	1
6	8	9	1	4	5	3	7	2

Puzzle # 11

2	7	3	5	6	4	9	1	8
1	4	5	2	8	9	7	3	6
9	8	6	3	7	1	4	5	2
7	1	9	6	2	3	5	8	4
6	3	8	1	4	5	2	7	9
5	2	4	7	9	8	3	6	1
8	6	2	4	5	7	1	9	3
4	5	1	9	3	6	8	2	7
3	9	7	8	1	2	6	4	5

Puzzle # 12

6	5	2	3	9	8	4	7	1
3	9	7	2	1	4	6	5	8
1	8	4	6	7	5	2	9	3
5	7	9	1	8	2	3	4	6
2	6	3	9	4	7	8	1	5
4	1	8	5	3	6	9	2	7
7	3	5	8	2	9	1	6	4
9	4	1	7	6	3	5	8	2
8	2	6	4	5	1	7	3	9

CRYPTOGRAM INSTRUCTIONS

A cryptogram is a substitution puzzle where letters of the alphabet are being replaced by other letters.

CRYPTOGRAM SOLVING HINTS

Consider letter frequency. Typically, the most common letters used in English are: E, T, A, O, I, and N. These will be the letters you are most likely to find in most cryptograms.

Solve any single letter words first. In English the only single letter words are A and I. Look for contractions and possessives.

Look for common, small words next. The most commonly used words in the English language in order of frequency are: the, of, and, to, in, a, is, that, be, it, by, are, for, was, as, he, with, on, his, at, which, but, from, has, this, will, one, have, not, were, or, all, their, an, I, there, been, many, more, so, when, had, may.

HINTS: code letter = actual letter

1. K=O B=A T=U
2. B=A W=I X=R
3. R=T M=E N=S
4. T=H P=A X=O
5. X=T B=A Z=E
6. F=U N=I D=E
7. L=C I=E B=O
8. N=H A=S P=T
9. Y=E C=T S=A
10. M=T F=I K=S
11. E=M Z=O I=E
12. N=C F=A T=F
13. Y=T A=S E=U
14. Y=C O=A K=F
15. Y=C J=A Q=T
16. F=C K=I P=N
17. M=H A=E O=T
18. X=A W=B U=U
19. T=P F=A W=H
20. P=C N=W Y=O
21. Y=A X=D L=C
22. O=P L=O K=T
23. U=C L=O M=I
24. I=P Y=L O=A
25. C=S O=E S=F

Made in the USA
Las Vegas, NV
01 November 2023

80025987R00068